非戦と抵抗の教育

障害児教育の源流にあるもの

鈴木文治
Suzuki Humiharu

新教出版社

目次

非戦と抵抗の教育

障害児教育の源流にあるもの

第1章　国家主義教育と闘った障害児教育の黎明

1　国家主義教育への抵抗

明治五年（一八七二）八月三日、全国に公布された学制は、日本最初の学校制度を定めた法規であり、それは欧米の学制を参考に起草された。学制は、封建時代の儒教的教育を否定し、四民平等の原則に立ち、「邑《むら》に不学の戸なく家に不学の人なからしめんことを期す」と記され、個人主義、実学主義の教育の原理を掲げ、「人々自ら其《その》身を立て其産を治め其業を昌《さかん》にして以《もっ》て其生を遂《とぐ》ること、すなわち、全国民に自律自営の能力を養う実学教育」を学校教育の目標とするものであった。学制のもとでの小学校の授業は、綴字、習字、単語、会話、読本、修身、書牘（書き物）、文法、算術、養生法、地学大意、理学大意、体術、唱歌であった。

学制の公布によって小学校の普及と就学強制、教員養成が目標として取り組まれたが、小学校の設立や維持運営費用は人々の経済能力の負担となり、さらに授業料も住民負担となったことで、人々の反発も多く、各地で学校反対一揆や学校焼き討ちが多発し、就学強制は当時の人々の生活を逼迫させることに繋がり、小学校の就学率は全国で三〇％ほどであった。

また、欧米式の教育は国内の状況に合わないという意見が強まり、学制公布の五年後には、この学制を廃止して、新たな教育令に切り換えた（一八七九年）。さらに明治一三年（一八八〇）、改正教育令が出され、政府中心の国家管理教育が開始され、従来の儒学中心の教育へと舵が切られていく。やがて、その潮流は明治二三年（一九八〇）の教育勅語の出現を俟って、国家主義的教育が完成する。あの学制に盛られた欧米の個人主義、実学主義が影を潜め、米たるべき軍国主義を支える教育の時代へと移っていく。学制の原理であった「学問は身を立てるの財本」の教えは大きく後退する。

信州（長野県）では、明治初期より教育への高い関心があり、明治九年の調査では小学校就学率は六三％（全国一位）に達し、また明治一九年文部省調査による旧国別寺子屋調査でも、全国一位を記録した。県内には特に誇りうべき産業もなく、人材育成の教育に期待する土壌が培われていたというべきか。それはやがて教員の職能団体である「信濃教育会」の誕生へと繋がっていった。信州教育は、明治一五年に県立長野師範学校長に赴任した能勢栄が提唱した概念であり、長野県の教育が他県のそれに比較して優れた資質を持つものであると評価され、長野県の教育を全県的に盛り立てるために、「汎信州主義」を強調するほどの勢いがあった。信濃教育会は、県下の教員の教育熱を高め、研究と実践の取り組みで全国から高い評価を得ていた。

特記すべきことは、教育勅語による国家主義的教育観の時代にあっても、教育の自由主義、個性尊重、愛の教育の姿勢は、しばしば時の権力者に睨まれながらも、己の立ち位置を変えることのなかった硬骨漢の教師たちによって、守られた。彼らはキリスト者内村鑑三によって「岩のような人たち」と呼ばれた。

そして、この信濃教育会の中から、全国初の障害児学級が誕生した。障害児が学校から排除される危機にあって、彼らを教育につなぎ止めたのも、岩のような硬骨漢であった教師たちがいたからである。国家主義的な教育の最中に、社会の役に立たない者だから教育の必要性はないと叫ばれる中を、障害児の人権を守り、教育を受けさせ、自立に向けた教育を追い求めた信州人の教師たちが果たしてきた役割は、限りなく尊い。現代の社会的特徴は排除と差別だと言われているが、今から百年以上前に、社会的有用論、優生思想のただ中にあったその時代に、先人たちの為した業から学ぶべきものは多い。

2　信濃教育会

①信濃教育会とキリスト教

信濃教育会は、一八八六年「我邦教育の普及改良及びその上進を図る」ことを旨に設立された。初代会長は浅岡一。長野全県をあげての教育運動「信州教育」や今日まで継続している『信濃教育』の刊行で知られている。

信州教育とキリスト教は信州における教育界の中核であり、国家主義教育に抵抗した歴史に彩られている。最初に信州とキリスト教の関係について見ていこう。かつては信州は教会形成ができないところではないかと言われていた。信州にキリスト教が定着するには、教会ではなく、教育に大きく由っている。

内村鑑三はその信州的風土をこのように表現した。「山のあるところには必ず岩がある。岩のあるところには必ず岩のような硬い骨を有したる人がいる。余が信州を愛するのは、一つには其の岩のためである。二つには其の人のためである」と。信州人は不羈の気質を持っていて、一筋縄では御しがたい。

その具体的な例として、手塚縫蔵という人物がいる。彼は東京神学社に学ぶも、日本基督教会の牧師にはならず、平信徒で牧師の職を代行し、同時に教師を続けた人である。周囲はそれを格別不思議とも思わず、かえって好ましいと思うのが信州の風土である。教会の枠に入りきらないキリスト教徒は、信仰の証しの場を教育という仕事の中に見いだしていくことが多かった。むしろ、教育を天職とする教育者にこそ信仰が大切だとされた。極論すれば、教育者が信州のキリスト教受容の主たる担い手である。それは教育ばかりでなく、禁酒、廃娼運動が多くのキリスト者教師によって展開されたことからも明らかである。

このような信州人の気質を好んだ内村鑑三は、若いキリスト教徒に、「汝の信仰を三年間は隠せ」と教えたという。教師の信徒は隠れキリスト教徒であった。信仰は外にではなく内に向かうものとして、人として良き教育者であることが己の信仰と考えたのである。生徒たちは卒業した後で初めて、小学校の恩師がキリスト教徒であったことを知ることになる。

信州のキリスト教の眼目は、教会形成ではなく、真実の人間として世の中で生きることにあった。無骨に一途に隠れキリスト教徒として生きた人々が、今日の信州の教育とキリスト教を作り上げたのである。だからと言って彼らは、キリスト教を表面的な文化の次元で捉えることはなかった。信州にできたキリスト教の塾は都会のキリスト教主義学校とは一線を画している。(1)

信州のキリスト教史を見ると、明治二三年に小学校令の改正が行なわれたことにより、数町村にわたる学校組合の設立が認められ、各地に組合立の高等小学校が誕生した。当時の義務教育は三年あるいは四年であったが、教育熱が高まって高等小学校卒業生が出てくる。さらに青年層に大きな刺激を与え、補習的夜学や講演会、学習会などに参加するほど勉学意欲が高じて、教師になる者が輩出されるようになった。彼らの多くがキリスト教に触れるようになった。

また、当時のキリスト教徒たちは、禁酒活動や廃娼運動に関わり、大きな成果を上げていた。当然こうした運動に対しては、地域の中心人物たちからの圧力もあり、教師にあるまじき行動であると排斥運動を受けて、加担した小学校長等が更迭される事態に至ることもあった。

井口喜源治は研成義塾を立ち上げ、県に設立認可を申請した。設立趣意書には、表面にはキリスト教は一切出てこない。そこには次のような言葉がある。

一、吾塾は家庭的ならんことを期す

二、吾塾は感化を永遠に期す
三、吾塾は天賦の特性を発達せしめんことを期す
四、吾塾は宗教のいかに干渉せず
五、吾塾は新旧思想の調和を期す
六、吾塾は社会との連絡に注意す

この私塾は卒業後の交わりも指導の内に含み、生涯学習を意図していた。宗教を問わないというのは、県に対して申請するために宗教色を希釈する必要があったからであろう。この申請書は、井口の教育宣言であり、神と人に対する宣誓書であった。このような私塾を三〇年にわたって主宰した井口からは、多くの弟子たち、キリスト教徒が輩出された。内村鑑三は、明治三四年、研成義塾で三日間の講演を行なう。内村は井口を評して次のように書いている。「此小義塾を開いた意志は蝶ヶ丘の花崗石よりも硬く、此を維持する精神は万水より清いものである」と。

研成義塾の三〇周年記念式典は、かつて井口が廃娼運動によって排除された当の穂高小学校で行なわれ、八〇〇人もの人々が集まったという。内村の祝辞にはこうある。

「教育とは何ぞやとの問題に対し、井口君はある種の回答を与えたのであります。教育は校舎にあらず。一人の教師が一人の生徒との信頼を持って相対する所に行なわる」。

これは今の時代では、ある意味で常識化した教育の原理であると思うが、今から百年近く前に、一人ひとりとの関わりを重視した教育があったことを深く思う。それも、世情不安で軍国主義へ走り出した社会にあって、小さな私塾が果たした役割の大きさを知らされる。

井口は晩年、病床に仰臥しながらも、時の軍部にいらだち、また政治的に時流におもねるキリスト者を嫌っていた。塾生の一人は「病患に乾く唇にいかに苦舌を動かされて悲憤せられしことか」と記している。紛れもなく、井口は信仰の道一本を不変のまま歩み通した。小さな町穂高からキリスト教私塾を起こし、信州の政治や教育に地下水のような影響を与えた人物であった(2)。

その後、様々なキリスト教徒の教師が生まれ、活躍していく時代になる。だが、特に記すべきことは信州の自由教育の取り組みである。それはやがて「白樺教育」とも呼ばれる生徒の自由と主体性を尊重した教育となっていったが、当時の軍国化した時代にあっては、弾圧の格好の餌食になっていった。

この白樺教育は、成績通信簿・優等賞はいかに生徒の特性を傷つけるものであるかと主張し、また修身の教科書は徳目の羅列に過ぎないとして多くの教師が扱わなかった。大正初期から信州教育、白樺教育は、外部からは「気分教育」と呼ばれ、行政からは反国家主義教育として問題視されるようになった。特に国定教科書を軽視して、画一教育に反対し、個性尊重を唱える教育が長野県の教育の主流になっていた。一九二一年、岡田知事は県内の「気分教育」攻撃の訓示を行ない、弾圧を加えるようになった。これは当時の文部省が自由主義的教育の弾圧に乗り出したのと軌を一にしている。

一九二四年、長野県は東京師範学校教授樋口長七と広島高等師範学校教授長田新を視学委員に委嘱して県下の小学校を視察指導させた。同年九月、松本女子師範学校附属小学校では、県学務課長、県主席視学、樋口長七らが丹念に視察した。四時間目の小学四年の学級では、川井清一郎訓導による修身の授業が行なわれた。川井は森鷗外の「護持院ケ原の敵討」を使って指導した。授業が終わると学務課長は生徒に「修身の教科書を持っている者は出しなさい」と言って、その数が少ないことを見ると、なぜ修身の教科書を使わないのかと川井に詰め寄った。森鷗外の小説は修身教材として長野県では広く使用されていたものである。午後の授業批評会では国定教科書不使用問題が取り上げられた。学務課長は森鷗外の小説を正科として扱うは論外であり、国定教科書を無視することは国法に反した遣り方だと追及した。附属小側は県の意見に謝罪を述べるばかりで、部下の訓導を切り捨てた。信州教育弾圧の一断面である。

「護持院ケ原の敵討」の概要は次のとおりである。

ある邸の管理人である山本三右衛門という老人が、盗人に押し込まれて太刀を浴びせられた。息を引き取る前に「敵を討ってくれ」との遺言を倅に残した。倅宇平は親の敵討のため、父の実弟である九郎右衛門と、敵の見識人で三右衛門に世話になった文吉とともに旅立った。

およそ一年、一行は全国を遍歴したが敵を見つけることはできない。やがて宇平は二人の同行人から離れて単独行動を取ることになり、残る二人は神主の託宣に従って江戸に帰還する。江戸に戻った二人はとうとう敵を見つけ、捕らえることに成功する。捕われた虎蔵は逃亡を試みるが、その場に居合わせた宇平の妹りよに切られ、敵討が全うされた。

あらすじは以上であるが、この物語は敵討という武家社会の掟に縛られて行動した一九歳の宇平の心情を推し量るものである。人生の今後を決める年に、親の遺言でその生涯が決定され、それに従う青年の苦悩が描かれている。結局、敵討の手柄を立てることができず、世の中を漂っていく青年の姿に、時代的な制約を生きざるを得ない虚しさを感じさせる。その後宇平はどのように生きたのだろうか。宇平のその後の人生を様々な視点から考えさせる教材である。

教育勅語に盛られている忠君愛国の思想は、主君や親の言い付けは絶対であり、それをあれこれ詮索することなく、言われたことを成し遂げることこそ日本臣民の為すべきことと教えていた。だから、国定教科書不使用だけでなく、代わりに用いた教材内容そのものも国家の教えに反していると川井を糾弾したのである。

だが、信濃教育会はこの教材を優れたものとして授業で使用してきた。上から押しつけられたものをただ実行するのではなく、何が正しく何が間違っているのかを児童自身が考えることに意味があると考えたからである。

教育とは押しつけられた価値観を受け取るだけでなく、それを吟味して物事を考える人間に育成することであり、それこそ真の教育である。その考えを多くの教師は支持したのである。

次いで県側は、手塚縫蔵の東筑摩郡島内小学校に乗り込んできた。手塚は修身教科書を使わないどころか、修身廃止論者であった。それぞれの授業に対して視学が批判をすると、教師たちが一斉に県側の意見に異を唱えた。並み居る校長たちを前に県側の意見を論破した結果、「気分教育」を打ち壊す意図は水泡に帰した。

ここに登場した教師たちの多くはキリスト教徒であり、彼らが身をもって自由主義教育を守ったことは注目に値する。教育誌『信濃教育』は一九二五年五月号で、「川井訓導修身授業問題」という同一表題で三宅雪嶺、沢柳政太郎、古島一雄、阿部次郎、石原謙、岩波茂雄、和辻哲郎、土居光知、篠原助市、与良熊太郎、島木赤彦、北沢種市、長田新、太田孝作の一五人に執筆させている。これだけのメンバーを揃えた信濃教育会の前に、県当局はもとより、文部省もうかつに行動ができなくなった。信濃教育会は、県に圧力をかけて学者、文化人を味方に付け、対県交渉を行なった。かくして、県当局は妥協の道を選び、学務課長を転出させ、県と教育界の対立は解消した。知事は長野県の教育を天下一の教育にしたいと願うと述べた。信州教育の個性尊重、人格教育、自由主義教育を守るために信濃教育会は重要な役割を果たしたと言えるであろう。信州教育の中核を占めたキリスト教徒の教員たちは、体制の締め付けに対して懸命な抵抗をしたのである。

信州教育に強い関心を抱き、国定教科書や修身の授業への反発を示した当時の学者たちが、戦争勃発によって極めて安易に侵略戦争を聖戦と賛美するようになっていく。例えば小泉信三がそうである。信州出身で井口の教育を受け、外交評論家として名を上げた清沢洌が昭和一九年一二月九日の『東洋経済新報』の記事に次のように書いている。

「小泉信三は慶應義塾長であり内閣顧問である。……驚いたことに彼は全く右翼的になっている。僕は寂しくなった。小泉のごとくは最も強靭なリベラリストだと思った。しかるに今はこれが全く反対であることを発見した」。

小泉信三の戦後の宮中との結びつきを考えれば、さもありなんと思う。清沢の言論の基調は、「偽らず自己の信念を語る」であり、戦時中の官憲による弾圧によって、彼の原稿をどの出版社も取り扱わなくなり、それでも毎日押しかける憲兵を前に堂々と自説を論じたという。信州人の気骨を見る思いがする。

信州人のキリスト者教員の一人である森下二郎のことを記さないわけにはいかない。森下は明治一八年長野県上伊那郡片桐村（現松川村）に生まれ、飯田中学校を卒業後東京高等師範学校を卒業。その後飯田尋常高等小学校を振り出しに諏訪中学校を最後とするまで教職の道を歩んだ。その後東京に出て文部省の嘱託として中等国文教科書編纂に加わるが、翌年一九四四年には空襲を逃れて郷里に疎開し、以後晩年は大地に鍬を振るって晴耕雨読の日を送り、一九六二年に七六歳の生涯を閉じた。

このような彼の一生には、同時代の人々と比して格別取り上げるものはない。しかし、その精神生活はキリスト教信仰に基づく真理探究の徒であった。内村鑑三を敬愛し、その思想に傾倒した。森下の残した五七年に及ぶ日記や書簡の中にその一端がうかがわれる。

私が彼の日記の中で注目するのは、日本がアジア人同胞の解放のための聖戦と唱えて始めた侵略戦争を明確に否定し、政治や軍部を非難していることである。

日露戦争の折に勇敢に反戦の旗を掲げた内村鑑三に思いを寄せ、「今度の戦争で非戦を唱える人などただの一人もいない」と嘆き、「今度の戦争が東洋平和のための戦争であり、支那を愛するが故に支那を討つのであり、これを聖戦であるという。自分も幾度かこれを言わなければならない時が来て、このことを口に唱えてきた。東洋平和のために東洋平和を破りつつある。破った結果において平和が、永遠の平和が来るのだという。そんなことは信ぜられない」と、煩悶する。

森下はこの戦争を聖戦だと信じることはできない。しかし、これを校長として生徒たちの前で言わなければならない。この矛盾の中で森下は深い苦悩に陥る。そして一九四〇年の卒業式を待たず、松本高等女学校校長職を退く。神に従う道を模索しつつ、この世の圧力を前に静かに身を引いた森下の心境を思う。確かに森下は決して反戦を旗印に立ち上がって闘った人ではない。だが、当時の知識人の多くがこのような小さな抵抗の姿勢すら持つことなく、侵略戦争に自らを組み込んでいったことを思うとき、森下の反戦の意識は大きな意味を持つ。ここに教師であり、キリスト者であった信州人の岩のような気質を感じることができる。私は森下の学校の後輩に当たる。旧制飯田中学校は新制飯田高校の前身であり、私はその出身者である。また教員として校長として時勢に抵抗を示すべき立場にあった。苦悩した森下の姿は我が身と重なって見える。母校の先輩であり、キリスト者の先達である森下を心から誇りに思う。[3]

だが、史実を見ると、内村鑑三が賞賛したような硬骨のキリスト者教師による時の権力者や軍国主義教育への抵抗ばかりではなかった。

信州人のリベラリストが孤高の光を放つ中、日米開戦の到来と共に、戦争を賛美し戦争を煽る者も現われた。先に紹介した手塚縫蔵は、教師として修身授業廃止論を強く主張した彼の気質、信仰、自由主義からすれば、侵略戦争に強く反対すると思われたのに、戦争を聖戦と唱えてその意義を訴え、戦争協力の教育論に傾いていった。戦争を賛美する俳句をたくさんつくり、周囲の者に聖戦への積極的支援を呼びかけた。それはあの戦争に教育者として加担したことを意味する。修身廃止論はいったいどこに消え去ったのか。ところが戦後になると、再び平和や教育の意義を持ちだし、周囲を唖然とさせた。自己の戦争責任に口を閉ざしたままでどうして教壇に立てるのか。そこに信仰者の自己に対する問いはないのか。

このような問題は信州だけでなく、日本中に、そして世界中で起こった事柄である。宗教者はこの世でどう生きるべきなのか。それは過去の彼らだけでなく、まさに今を生きる私たちに問われていることなのである。

②信濃教育会と特殊教育（現特別支援教育）

一八六七年、福沢諭吉は視察したヨーロッパについて記述する中で、唖院、盲院、癲院、痴児院について紹介している。当時の日本にはなかったものである。当時、「白痴」という名称はあったがその障害の実態については明確なものはなかった。

一八八五年、内村鑑三は渡米した折にペンシルベニア州の白痴学校で七ヶ月間看護を行なった。その際の体験談に記された「白痴」が日本の読者にとって目新しい言葉として描かれている。

「然れども白痴其物が余の読者最多数の解せざる所ならんと信ず。白痴とは吾人の通常の『馬鹿』と称するもの、欧州に於ける古来の定則に依れば、単数二十以上を数へ得ざるものを以て白痴となすと言えり。普通知能を有せざる人、生来の愚人、人間の廃物、是白痴なり」。

そして施設で出会った数人の白痴児について記述している。一六歳の唖者は知能は五歳に及ばないが感覚は鋭敏である。また食べ物を咀嚼せずに飲み込むが、すぐに嘔吐してその直後に隣で食べている人のものを食べてしまう。また女性の衣服から留め金を盗み、それを手の甲に刺して出血するのを見て喜ぶ子ども等のことが記されている。これらは海外には障害者の収容施設が存在したことを示している(4)。

内村は福沢諭吉と並んで欧米の障害児学校教育を視察した最初の日本人である。明治五年の「学制」には、「廃人学校アルヘシ」と明記され、日本の教育に障害児学校が必要であると考えられた。だが、実際に障害児教育の学校が設立されるのはずっと後になってであった。そのあたりの事情については後段述べることになるが、長野県は他県に先んじて障害児教育に関わった県として知られている。その中心になったのは、信濃教育会に集ったキリスト教徒の教師たちであった。

日本の知的障害児教育の初期形態は、長野県の松本尋常小学校にできた学力別学級編成や一八六九年長野尋常小学校に設置された「鈍児学級」による劣等児対策が契機であると言われている。「鈍児学級」は後に「晩熟生学級」と名称が変更される。松本尋常小学校では一八八八年に特別指導の授業が開始され、「算術特別教授」と呼ばれた。だが、進級や卒業認定では約一割の落第生が出現した。この落第生の中心となる劣等生の対策が検討されるようになった。

知的障害児学級の名称は時代と共に変わっていく。「劣等児学級」という教育用語化した名称は、東京高等師範学校で教育病理学を担当した榊保三郎によって教育学に導入されたものである。教育界においては「低能児」、「低能者」という用語で一九〇七年までに岩手、長野、東京で使用されてきたが、東京高等師範学校教授乙竹岩造の「低能児教育法」の出版（一九〇八年）によって、「低能」の言葉は日本の教育界のみならず社会一般に普及することとなり、「間抜け」、「馬鹿」、「役立たず」の同義語として広く用いられるようになった。

長野県では明治三〇年代後半になると、厳しく指導しても成績が向上しない児童を特に「低能児」と呼び、彼らを対象にした教育が取り組まれるようになった。それ以前は成績劣悪なる者は、怠学や家庭環境、特に貧困の者と見なされていた。

一九〇七年、『信濃教育』第二五四号に、「低能生誘導上の実際話」が掲載された。小県郡小学校教員滸淯小史の手になるものである。ここには「低能児」の判断内容と実態、指導法等が記されている。

ここでは「低能」の要因を、①疾患、疾病の問題、②言語機能の問題、③身体機能の問題、と三点から説明し、活動や行動に影響していることを示している。この「低能生」を強者と弱者に二分して、強者が怠惰、敏捷、強情、弱者が沈黙、臆病、強迫観念の状態を示すとしている。さらに、上記三点の要因に加え、①手の機能、②脳の機能、③原因不明の活動不活発、④注意集中の持続が困難も要因として「低能児」と判断される。

さらに教科の指導においては、体育、図画工作、音楽等の芸術科目と、国語、算数等の知識科目の二種類に分け、全力を出していないために成績が良くない者を強者、全力を出してもできの良くない者を弱者としている⑤。

以上を指摘した上で、通常の科目の学習上の困難と同様に日常生活の行動でも困難があるという。ちなみに今日の知的障害の障害基準では次のようになっている。

文部科学省の示す知的障害の定義

知的障害とは、一般に同年齢の子どもと比べて、認知や言語などにかかわる知的機能の発達に遅れが認められ、他人との意思の交換、日常生活や社会生活、安全、仕事、余暇利用などについての適応能力も不十分であり、特別な支援や配慮が必要な状態とされています。また、その状態は、環境的、社会的条件で変り得る可能性があると言われています。

今から一一五年も前に出された論文は、今日の定義から見ても、決して見劣りするものではない。さらに著者はこのように述べている。

「低能生たる資質魯鈍たるか体質薄弱でまことに気の毒なるものであります。……余輩は彼らの動作を見てまことに気の毒に思うのであります」。

ただし、気の毒な存在と同情するだけに留めないようにと禁止事項を定めている。同情ではなく授業の工夫で改善が図られるとして、実際の現場では、①一コマの授業では一つの内容を、②授業内容を簡単にして理解を促し、③一人一人の個性を発揮させ、④良さを見つけて褒めること、等の指導法により、伸びる可能性が認められたと記している。

特に、「低能生」と向き合うこと、無視しないこと、懇ろな関係になることが強調されている。さらに、人は一人ひとりが特異性（個性）を持っていて、人は本来一人ひとり異なるものであると喝破している。このように障害児と真正面から向き合い教育する教師が百年以上も前にいたことを深く思う。信州教育の骨格がこのような人たちによって造られていったことを、同じ信州人として信濃教育を受け、障害児教育の教師の道を歩んだ私自身、誇りに思う[6]。

さて、既に述べた東京高等師範学校教授乙竹岩蔵が著した「低能児教育法一九〇八年」によって、日本で低能という言葉が教育界のみならず一般社会にも普及した。彼は、その後「特殊教育論一九一三年」を著わし、特殊教育とは何かを述べている。

「特殊教育とは特殊な人が特殊な人にある影響を与へんとするものに非ず」と指摘している。国民教育とは特殊な事情を有する者にも国民教育を行なうことであり、あらゆる国民に及ぶという原則を徹底させるべきだと論じている。すなわち、特殊な事情を持つ者は教育以外のもので対応すべしという考えを退けている。普通教育と特殊教育を分けて考えるのではなく、すべてのものを含めた教育の中で、あらゆることが発展していく関係が重要だと述べている。乙竹は、特殊教育のあり方を普通教育から切り離した別々の領域のものとは考えていない。

乙竹は著書の中で欧米の特殊教育事情を説明し、その中でアヴェロンの野生児の例を紹介し、教育に当たったイタールは聾唖者の教育者かつ医学の専門家であったが、彼の教育の姿勢には信仰の基盤があったという。いかなる障害があろうとも、信仰を持って行なえば何らかの成果が生ずると語っている。

さらに乙竹は、特殊教育の発達の要点として、①人道主義の普及、②諸科学の進歩、③社会・経済の発展、④他分野の教育や医学の協力を上げている。人道主義の普及では、本来キリスト教は愛の宗教であり、人道主義の神髄であるが、それは未成年に対しては従来行なわれてこなかった。真の愛が児童に必要であると考えられるようになったのは一九世紀後半からである。この愛こそ、特殊教育に必要なものではないかと述べ、同時に普通教育にも児童に対する愛や人道主義を普及させる必要があると説いている。

加えて乙竹は、日本の普通教育は欧米の教育に劣るものではないが、特殊教育は欧米に大きな遅れを取っているという。明治四四年の文部省の統計調査による特殊教育の実情を載せている。次の数字は当時の日本の障害児の中で、就学免除、就学猶予になっている子どもたちである。九万人を超える子どもたちに教育が届いていない実態を示している。

日本の学齢児童の中で、就学義務の免除または猶予の者

盲児童	八三九人	聾児童	五六一一人
白痴児童	三四三一人	瘋癲児童	五六四人
不具児童	四八九四人	その他の免除児童	一〇八二二人
猶予児童	六四七七九人		合計九三九四〇人(7)

③信州教育の盲教育とろう教育

さて、再び信濃教育会に戻る。ここでは、盲教育とろう教育に取り組んだ信州人教師のキリスト者に焦点を当てる。

小島良三は明治七年下伊那郡竜丘村に生まれた。長じて下条小学校の準訓導となり、さらに竜丘小学校の正教員となった。二九歳でキリスト教に入信したが、彼の家庭はクリスチャンホームとして多くの人を憩わせる泉となったという。若く悩みの中にある教師たちがいつも屯す

る場所となった。彼についての逸話が残っている。
「居候であった若者たちが先輩の悪口や酷評をした折に、小島は終始沈黙していたが、翌朝の家庭礼拝の中で、『君たちは口に出して人を裁いたが、僕は心の中で君たちを裁いた。偉ぶっていた僕の方が悪質の罪人だ。赦してくれ』と大粒の涙をこぼしたという。並み居る者は一様に深く打たれた。万事がこのように誠実で素晴らしい人格の光を発したので、小島の名は竜峡の聖人として県下に伝わっていった。」[8]

多くの若い教師たちに大きな影響を与えた小島のもとに一人の若い教師がやってくる。富岡秀夫である。小島の家に一週間滞在し、彼の教えを聞いた。このとき、富岡は普通教育から特殊教育へ移ろうと考えていたが、その結論を出すために小島の門を叩いたのである。その際に小島は、マタイ福音書二五章の「わが兄弟なる此等のいと小さき者の一人になしたるは、即ち我に為したるなり」の聖句を引いて、特殊教育への献身に賛成した。

富岡をはじめとする長野県の特殊教育に従事するキリスト者たちのために小島は陰で神に祈り続けたという。長野ろう学校長を勤めた諏訪部信三も小島に導かれた者の一人であった。やがて、小島良造は三十数年の小学校教員の職を捨て、伝道の旅に出た。東京の活水学園で学んだ後に、神奈川、京都、広島で教会を牧し、多くの人をキリストに導いている。その信仰は徹底した祈りを特色としていた。人の見えない所で徹夜して祈ることもしばしばであり、小島の祈りに支えられてその使命を全うした信州の教員は多数に及んでいる。

さて、小島との出会いによって、特殊教育への転身を図った富岡秀夫は、ろう教育に本格的に乗り出していく。当時の盲ろう教育は公立ではなく私立であった。一九二四年に公立に移管されたが、ろう教育のレベルは低く、手話法から口話法への転換が求められる時代となっていた。時の視学官が小学校教員の中から適任者を募ったところ、応募したのは富岡をはじめとする三名であった。ろう教育に挺身することは、いわゆる出世を諦めた者でなければできなかった。応募した三名の内、富岡と中山はキリスト者であり、盲ろう児の状況を見るにつけ、胸迫る思いを抱き続けた富岡は、県の要請を受けたとき、小島に相談し、神に祈って決断したという。

富岡は一九二六年に東京盲唖学校師範部に入学し、卒業後は長野盲唖学校教員となった。一九三三年に県立移管した学校で、手話教育から口話法への転換を校長として推進することになった。松本聾学校の基礎作りを行なったのは、富岡と彼に従うキリスト者たちであった。

『長野県特殊教育史』は、日本の特殊教育百年という記念すべき年に出版されたものであり、奇しくも養護学校の義務教育化が行なわれた年である。この本の中で、信州の特殊教育は他県に比して極めて早い段階からしかも先見性の高い取り組みであったこと、またそれぞれの分野に立派な先覚者、人間愛や信仰を持つ人々によって形作られてきたこと、しかし特殊教育百年の歴史とは、まことに険しい日陰の道の連続であり、少数の先覚、篤志家、慈善家、宗教者が自らつくり自らの足でたどたどしく歩いてきた道である、と記されている。信濃教育の障害児

教育の歴史も、他県と同様キリスト者が愛に満ちた人権尊重の教育を切り開いてきたのである。(9)

昭和八年（一九三三年）二月四日は、世に言う二・四（にし）事件勃発の日である。長野県で多数の教師が治安維持法違反として検挙されたのである。弾圧の対象は、日本共産党、日本共産青年同盟、プロレタリア文化連盟、労働組合、農民組合等広範囲に及んだが、特に日本労働組合全国協議会や新興教育同盟準備会の傘下にあった教員組合員への弾圧は大規模で、全検挙者六〇八人のうち二三〇人が教師であった。このためこの事件は「教員赤化事件」と呼ばれるようになった。このような弾圧は長野県に留まらず、全国各地で行なわれた。

長野県では一九三〇年代に入ると、左翼的教育運動である新興教育運動が拡大し、一九三一年の満州事変勃発以降、軍の大陸侵略に反対する社会主義運動、労働農民運動、青年学生運動への弾圧が強化された。この弾圧によって治安維持法違反を名目に多くの市民が検挙された。

長野県では関係した小学校は五八校、実業補習学校は五校、中等学校は二校であり、検挙された小学校教員は一三八人にのぼった。

この二・四事件は共産主義者や労働運動の関係者への取り締まりを主眼としていたが、実際には絵画や詩や短歌、哲学等の研究会を開いていた者も多く含まれていた。「新教育研究会」という名前だけで左翼活動と見られて検挙の対象になった者もいる。信濃教育会の自由主義教育、個性尊重教育、愛の教育の信奉者たちも拘束されたのである。

この二・四事件で検挙された教師の多くは、子どもたちや父母をはじめ、周囲から信頼されていた優れた教師たちであった。農村の貧しい子どもたちのために暮らしをよくしたいと考え、反戦を唱え、労働組合の活動に参加した者が大勢いた。例えば、検挙された教師を慕っていた学校では、生徒たちの間で「同盟休校」を行ない、警察署に出向いて釈放を要求する動きもあったという。

この中に松本女子師範学校卒の多田井貞子と長野師範学校卒の牛山吉太がいる。二・四事件の連座者である。松本聾学校の初代校長富岡秀男は彼らを温かく迎え入れ、その膝下で二人は才能を開花させる。いずれもキリスト者であった。多田井貞子は日本の口話法教授者としては三指の一人に数えられ、彼女によって松本聾学校の教育の基礎が据えられた。

二・四事件で二名の教員が拘束された長野市の柳町小学校の小原福治校長は、この事件以後、県当局の締め付けが厳しくなったことを嘆いた。学校内に規則を作って教員たちを縛り付ける方針に対して、日記の中でこのような批判している。

　校則をかく。こんなつまらぬ事を規定する校則をお上のお達しでこしらへなければならぬ様な日本の教育は、むしろ憫むべきである。教育のことは国法によってその大方針が定められてあれば、あとは全く縛られない世界であるべきだ。悲しい哉。而もその校則が少しばかり問題の左傾教員が出たという矢先の仕事としてこっけいで可笑だ。何を血迷ふてゐるかと思ふ。キリストのない処は昏迷と血迷いのみだ。(10)

小原福治は明治一六年東筑摩郡に生まれた。家業は染物屋であったが、早稲田実業に学んだ後、代用教員となった。南佐久郡臼田小学校の代用教員時代にキリスト教と関わるようになり、一九一三年に牛山小仙と結婚するが、妻は聖公会の婦人伝道師であり、妻の信仰にならって入信を決意した。一九一八年に植村正久から洗礼を受ける。やがて小原は柳町小学校の校長となるが、個性を尊ぶ自由主義的な彼の教育は同時にキリスト教の色彩を強めていき、父兄懇話会ではやや狂気じみた宗教的態度に釘を刺されたという。小原は長野教会で牧師の代わりに説教者として講壇に立つほどの信仰者であった。

小原福治は一九四一年に退職するが、その二、三年前に伊豆下田小学校長が柳原小学校に参観にやってきた。日中戦争が始まり、国民精神総動員運動が始まり、ファシズムが一段と色合いを強めてきた頃である。小原はこの日の参観者の対応について次のように書き記している。伊豆下田小学校長の「信州教育はつかみ所がない」との批判に対して、それは正しい理解であると述べる。信州教育には何々主義とか何々の方針とかいう看板に掲げるものがないからである。信州の教員は一人残らず蔵書家、読書家で自己の修養勉学に励むが、型にはまったものを嫌い、それ故に「つかみ所がない」との指摘は正鵠を射ている。小原は「最後に掴んだと思って偽物を掴まないように」と追撃の一矢を放ったという。

後日、下田の校長から長文の手紙が届いた。内容は、信州教育は人格教育と聞いていたが、それは概念的な人格教育ではなく、先生と子どもが抱き合った具体的事実に立脚する教育を目指していることがよく理解できた。理論と実践が愛の関係で結ばれている教育であると解った、とある。このような教育が信州教育の根底にあった。

一九四〇年日本は日独伊三国同盟を結び、日本はこの枢軸国と運命をともにすることになった。これを新聞記事で知った小原は憂い、朝会の時に講堂の講壇から全校生徒に向かって「日本はこんなことをしていてはだめだ。ドイツはやられる。日本も危ない」と激怒して語ったという。これを聞いた教職員は校長の身の安全を思って戦慄し、この話が外部に漏れないようにしたという。軍人の横暴を嫌い、武力によって侵略するのではなく、真理を愛し、世界から尊敬を受ける国を求めるべしという小原は、やがて弾圧の矢面に立つことになる。

自由主義教育、人権尊重主義を掲げるキリスト教の教師に対する弾圧は更に高まり、一九四一年（昭和一六年）、信濃毎日新聞のトップ三段にわたって次のような記事が出された。「キリスト教徒たる教員を一人残らず馘首する」という学務課長の談話である。この新聞報道に対しても抵抗したのは小原福治をはじめとするキリスト者教師たちであった。キリスト教徒の教員の馘首の撤廃のために、小原は「刺し違える」と述べて県庁に赴いたという。それから間もなく信濃毎日新聞に「学務課長の休職」が載った。小原福治は一九四一年三月に退職した。「刺し違える」とは、学務課長を引きずり下ろし、自らも退職するという意であった。

小原福治は不屈の教育者であった。教育者であり切ることがキリスト者であるという信念は信州の教育者の一貫したものであった。

　だが、このような教師たちも時代の波に巻き込まれ、自由に語ることができなくなってきていた。その波に自らを合わせるかのように、転向する者も出てきた。

　信濃教育会であれほど教員たちに自由主義教育の重要さを説き、国家主義教育の危うさを論じていた校長たちが、児童に戦意の高揚を語り始めたのだ。その中には先述の手塚縫蔵のようにキリスト教徒の校長たちも少なくなかった。戦争の愚かさを説いていた理想主義者たちが変節していく姿もたくさんあった。いっそ沈黙を守るだけならまだしも、教師や児童に対して、この戦争は聖戦だ、正しい戦争だと熱く話す教師。彼らが前に語っていたことはいったい何であったのか。

3　満蒙開拓団と教師の責任

「満蒙開拓団」は、満州事変以降一九四五年の敗戦まで、日本の国策によって推進された満州、内蒙古、華北に入植した日本人移民の総称である。

　日露戦争の勝利によって関東州の租借権とともに南満州鉄道を手に入れた日本は、後藤新平を総裁として大連に本社を置き、鉄道事業を中心に広範囲にわたる満蒙事業を展開させていく。

　だが日本国内は、世界恐慌のあおりを受けて深刻な経済不況に陥り、特に農村経済を支える養蚕業は大打撃を受け、貧困が顕著になってきた。そこで政府は、貧困に喘ぐ農村から満州や蒙古に移民を送り出す「満州農業移民百万戸移住計画」を推進するようになる。村ごとに適正規模を設定して移民を募る「分村移民計画」であった。

第一回目は一九三六年の信州の満蒙開拓団であった。この信州の試験移民は、貧困から解放されると信じて満州に来たものの、匪賊や抗日ゲリラとの戦いを強いられて、自分たちが関東軍の予備隊とされていることを知った。だが、退路を断って満州に来た彼らは前に進むしかなかった。

戦争末期になると戦局が悪化し、一九四五年七月の「根こそぎ動員」では開拓団からも約四万七千人が招集された。しかし、同年八月九日にソ連軍の満州侵攻の際に、関東軍は開拓移民を置き去りにして逃亡した。移民たちの逃避行は凄惨を極めた。敗戦時に旧満州にいた日本人は一五五万人と言われているが、死者二〇万人の四割を開拓団員が占めている。

満蒙開拓に送り込まれた二七万人のうち、長野県人は三万四千人と突出して多く、全体の一二・五%を占めている。この開拓団への参加を呼びかけたのが教師たちであった。貧しい農村の暮らしを見てきた教師たちの中には、開拓団によってこの状況から救い出せると思った者もいたのだろう。教師たちは教え子たちに満州行きを勧めた。貧しい生活から抜け出せるという政府の言葉を鵜呑みにして、満州国に送り込んだ。送り込んだ人数によって、教師は教頭や校長に昇進するということが起こった。

満蒙開拓団は中国への侵略戦争の一環として行なわれたものであり、現地の住民の土地や家を奪って我が物にするという略奪者の行いであった。そのために、敗戦後の日本人は現地の住民から多くの命を奪われる事態が起きた。戦後になって戦争孤児問題が明らかになった。彼らは満州に置き去りにされた子どもたちであった。教え子を戦争に駆り立て、悲惨な運命を辿らせた教師たちの罪は、とてつもなく重い。

ちなみに、この開拓団提唱の中心人物は加藤完治と言い、農本主義の教育者であった。教育者の言動が国民を煽動して追い込んでいく典型的な事例である。長野県では特に南信出身の移民が多く、現在は下伊那郡阿智村に「満蒙開拓平和記念館」が建設され、当時の状況を伝えている。中国残留孤児の多くは、長野県出身の満蒙開拓団の子どもたちであった。自由主義教育を掲げた信州教育が、侵略戦争の推進役を務めた事実は決して忘れられるものではない。

〈満州分村移民と部落差別――熊本「来民開拓団」の悲劇〉

信州から送られた開拓団ではないが、決して忘れることのできない満蒙開拓団の悲劇として、熊本「来民（くたみ）開拓団」のことを語り継がないわけにはいかない。それは教育によって満州に追いやられた人々の一つの悲劇では留まらず、部落差別が背景にあるからである。熊本で部落差別に苦しむ人々が、満蒙開拓団となって移住し、敗戦が決定した二日後の八月一七日、二七六名の集団自決が起こった。それは日本の国策と部落差別が絡み合う悲惨な物語である。

一九四六年九月一二日、熊本県山鹿市来民町在住の「旧満州国・来民開拓団」の遺族たちに、一年以上にわたりささやかれ続けてきた「全員自決」の真相がもたらされた。軍隊に招集されて開拓団を離れざるを得なかった男性たちが、「いざとなったら関東軍が守ってくれる」と言い聞かせて開拓団に残していった二七六名の人々。その中でたった一人生き延びて真相を伝えるために故郷に舞い戻った宮本貞喜が帰還したのである。

熊本県山鹿市来民町の人々が満州に渡ったのは、単に貧困農民の解放を保証するという政府の政策に沿ったものだけではなかった。来民の人々は被差別部落の人々であった。彼らが満蒙開拓団となった背景には、国の部落政策が絡んでいる。一九七一年、明治新政府によって江戸時代まで続いた身分制度の廃止を謳った「解放令」が発布されたが、部落への差別は全国各地で残り続けた。そこで政府は国内の部落における差別や環境改善を目的として、国策として「融和事業」を立ち上げる。被差別部落の人々の地位向上を図り、社会の中での融和を試みるものであった。

そのような融和政策は差別解消にならないと断固反対した人々が一九三二年に「水平社」を立ち上げた。水平社は「人の世に熱あれ、人間（じんかん）に光あれ」との宣言によって、差別への抵抗の狼煙を上げた。そもそもこの水平社の運動を激化させないために政府は「融和政策」を図ったものである。全国の融和運動の内実は一般国民以上に天皇への忠誠を誓い、国粋主義者や富裕層の力を借りることによって、部落の地位向上を実現させようとしたものであった。

一九三五年「融和事業完成十カ年計画」を打ち出した政府は、満蒙開拓団政策を推進し、一九四〇年「資源調達事業」によって、満州への移民計画は融和政策の主たる位置を占めるものとなった。そこで編成されたのが来民開拓団であった。その背景には、熊本県が国策に沿った開拓課を設け、社会課と連携して被差別部落の人々を満州への移住に駆り立てたことがあった。本来満州移民は開拓課が担うものであるが、社会課は同和事業を含む社会事業や貧困者対応部門であり、両者の連携に、被差別部落の人々を満州移民にするという目的が透けて見える。県も町も来民の人々に満州への移民を強く薦めた。「土地なき部落住民を独立自営の立派な農民とする唯一の道」と「融和事業研究四五号一九三七年」にあるように、被差別地区の人々を満州開拓に利用するという強い姿勢が見て取れる。

熊本県の社会課職員が入れ替わり立ち替わり各家庭を訪問して、満州への移民の説得に当たった。その際に来民小学校の元校長斉藤唯夫が同行することがあった。元校長は現職時代から部落の子どもたちに心を寄せ、妻と環境整備に努めて親たちからは一目置かれる存在であった。その元校長の熱心な勧誘を断り切れずに、満州行きを決断した人たちが多くいた。

斉藤は県の社会課主事となり、また熊本昭和会（融和運動体）理事として来民町を資源調整事業の「特別指導区」に指定するために力を振るった人物である。子どもたちの置かれた環境に心を痛め、将来に希望を持たせようとして、学べば上級学校への進学も可能になると励ましてきた教育者斉藤は、国や熊本県が推進した満蒙開拓団へ教え子やその保護者の参加を募った。

彼は、それが差別を受ける子どもたちの未来を開く機会と考えたのだろう。だが、それは国策に則り、現地人を追い出して搾取する植民地主義の一端を担わせた結果となり、戦争の加害者にしたのだ。そしてついには彼の勧めに従った教え子たちの多くが悲惨な結末を迎えることになる。

元校長とは異なって、あの当時の国策について正しい判断をした者も、少数ではあったが存在した。彼らは「非国民」のレッテルを貼られ、世間の批判を浴び、村八分になることになるが、それで良しと考える信念と潔さがあった。それに比べればここに登場する元校長の言動は何であったかと問わねばならない。今の時代だからそんなことが言えるのではなく、その問いは聞く者の喉元に突き刺さる問いなのだ。その問いを前に、私たちは今何を為すべきなのか。あの時代の危うさに再び引き戻されそうな今だからこそ考えなければならない。

来民開拓団の先遣隊が一九四一年、宮本茂隊長の下一一名で出発した。この宮本隊長はただ一人生き延びた宮本貞喜の兄である。彼は敗戦の二週間前の応召によって「大惨事」を知らぬまま、敗戦後二年間ソ連に抑留され、一九四七年に来民に帰郷して妻子の悲報を知った。

来民開拓団は、その後も続々と移民を迎え、一九四四年四月中旬までに三百数十名が満州に渡った。彼らの土地はすでに軍隊が安く買い叩いたものであり、家も現地の人々から奪ったものであった。現地人との関係は表だって悪くはなかったが、何と言っても関東軍の支配下にあり、それに庇護された開拓団に逆らう現地人はいなかった。だが、侵略され、土地や家屋を奪われた人々の怒りはずっと蓄えられてきていた。いったん何かあれば、単なる反発では収まらない状況にあった。開拓団の人々は、関東軍の支配下にある現地人を蔑視する傾向があり、横柄で暴力的な行動を取る者もいて、しばしば開拓地周辺では争いが起こり、現地人の命が奪われることも多々あった。あとで現地人の恨みを買う原因は至る所にあった。最初の人植者が目にしたのは、自分たちの目の前で警察にせかされながら女性たちが住み慣れた家を追い出される姿であった。

来民開拓団の人々には、満州移住が日本の侵略戦争の片棒を担いでいるという意識があった。それは目の前に繰り広げられる現地人への暴力や差別が、かつて日本にいたときの自分たちの状況に酷似していることに気がついたからである。かつて被害者であった自分たちか、今度は現地の人々の尊厳を奪う加害者になったことを意識せざるを得なかった。

一九四五年八月一三日、日本人警察官が開拓団事務所に駆け込み、ポケットから電文を取り出した。そこにはこう書かれていた。

「来民開拓団は全員、ただちに陶頼昭黒川開拓団にある協和国民学校に避難せよ」。

居合わせた幹部たちは呆気にとられ、事情が飲み込めなかった。そこで警察官は至る所で関東軍が敗北を重ねており、このままでは開拓団に何が起こるか分からないと説明した。関東軍の不敗を信じていた幹部たちには考えられないことであった。彼らは開拓団全員を集めて会議をして結論を出す。二七六名の命を守ることを最優先にして、翌一四日に出発することになった。この時の総数、成人男子四二名、女子九三名、子ども一四一名であり、頼みの男性は相継ぐ応召で半数近くになっていた。

いきなり告げられた状況に理解できない人たちは混乱状態になっていた。だが、周辺の現地の人々は日本の敗戦を既に知っていた。彼らはこれまでの理不尽な差別や強制に対する報復の機会を、この時ばかりと待ち受けていた。役場や警察などはいち早く敗戦を察知し、各開拓団に避難通知を出すと、彼らの保護を放棄して要塞のある三岔河へ逃げ込んだ。関東軍をはじめ日本人を見捨てた公的機関の存在が、開拓団の悲劇をもたらしたと言っても過言ではない。

一五日の朝、現地人の警察官が現れて、引き揚げ用の馬車三〇台を用意するから受け取りに来いと言う。それを罠とも知らずに出かけた代表三名が人質となり、交換条件としてすべての銃器と弾薬を渡すことを約束させられた。こうして丸腰になった開拓団の人々を、現地人五百人が取り囲んだ。団長豊田は皆を前にして言った。「来民開拓団の団員として、日本人らしい死に方をしよう」と。最後の時が来たら合図の鐘を鳴らし、それを機に、老人・女性・子どもたちは加工場に集合し、団長・副団長の介添えで自決する。団長と副団長は全員の自決を見届けた後に、その場に火を放ち、自らも自決することとした。そしてこの事実を故郷来民町に伝えるために、宮本貞喜が何があっても帰郷することを決めた。

一七日朝、表門がこじ開けられて雪崩を打って現地人が殺到してきた。最後の抵抗を試みた若者たちも一人二人と力尽きていく。「もはやこれまで」と合図の鐘が鳴らされた。青年隊は最後まで自決の場を「汚してはならぬ」と敵の侵入を満身創痍で守り続ける。

午後七時半、団長の声を合図に一同「万歳」の声。その後加工場から火の手が上がった。燃え盛る炎の中、ある若者は自らの命を絶ち、ある者たちは互いに刺し違えて自決した。二七六名の命が最後を迎えようとしている。その場を見届けた松本貞喜は、開拓団本部に火を放ち、皆の思いを託されて闇夜へと脱出した。

一九四六年九月一二日、来民町の人々の前で宮本は一部始終を語った。嗚咽で話が何度も止まった。聞く者たちも胸が張り裂けんばかりの悲しみに襲われた。

こうして来民開拓団の歴史は終わった。日本中に満蒙開拓団の歴史が刻まれている。だが、「満州に行けば土地も米も得られて極貧から解放されると信じた人々の中で、「満州に行けば部落差別から解放される」と特別の希望を抱いた人たちがいたことを忘れてはならない。侵略戦争の一端を担わされた満蒙開拓団。彼らは国策の犠牲者であると同時に、関東軍の手先として侵略戦争の加害者にもされた。部落民として差別を受け続けた来民開拓団の全員自決こそ、その根底において差別による偏見と貧困に最後まで苦しめられた何よりの証左ではなかったか。

遺族の一人がこう語る言葉が胸に残る。

「天皇には戦争の責任があった。これを言わずして、来民開拓団は浮かばれようか」(1)。

4　障害児教育とキリスト教

ここから、障害児教育とキリスト教について、当時の状況と現在との比較を何点か述べたい。

1　特殊教育への転身

一点目は、普通教育から特殊教育への転身を図ることの意味である。信州の教員たちの中で特殊教育を生涯の使命として選び取った人たちの多くはキリスト者であった。信州に限らず、特殊教育や福祉の先覚者にキリスト者がいて、重要な役割を果たしたことはよく知られている。何故キリスト者なのか。信仰と特殊教育・福祉とはどう関わっているのか。

普通教育から特殊教育へと転身を図る教員には、重い決断が迫られる。当時は普通教育が教育の本流であったからである。特殊教育の世界に入っていくことは、教育界で出世できないと思われていた。それでも彼らは障害のある子どもたちの教員になっていく。そこにあるのは、この子らを放ってはおけない、余人がいなくば私が負っていくという気持ちである。そこには損得を考えない教育愛を感じる。

なぜ、特殊教育にキリスト者の教員が希望するようになるのか。そこにはキリスト教信仰の特徴である自己を無にする「ケノーシス（自己を無にする）」の思いがあるのだろう。ケノーシスは、キリストの徹底した謙遜、人に仕えて生きる生き様を表わす言葉である。やる人がいなければ私がやると手を挙げる背後には、祈りを持っての決断がある。私の身の回りには、特殊学級や養護学校の教師でキリスト者が少なくなかった。私もまたキリスト者教員の先輩たちに励まされて特殊教育の道を歩んできた。

今から五〇年ほど前のことである。ある特殊学級の教員がこんなことを語ったことを思い出す。障害のある子どもたちを教育することを自分から希望する教員がほとんどいなかった時代である。彼女はある特殊学級で障害のある子どもたちの教育を見学したとき、その教師の乱暴さや人権無視の指導に驚いた。これほどやる気のない人たちに指導を受ける子どもたちが不憫でならないと、翌年に希望を出して特殊学級の担任になったという。その時、自分は生涯独身でいるだろうと覚悟したと語った。実際には結婚して二児の母親になったが、当時の教育界では、特殊教育は普通教育ができない教員が行くところとの暗黙の了解があったのだ。特殊教育は二流の教育で二流の教員が行なうものとの評価が定着していた。

私自身について言えば、中学校の社会科教員として採用された後、希望して特殊学級担任になった。理由はいくつかあるが、私自身学齢期に小児結核を患い、色覚障害、吃音という障害を負って生きてきた。さらに普通教育の閉鎖性、堅苦しさに嫌気がさし、もっと自由で子どもの主体性を重んじる教育を望んだ結果であろう。その意味では、私も故郷の信州教育のリベラリズムを持ち合わせていたのかもしれない。そして最後に決定的になったのは、私のキリスト教信仰である。私の桜本教会では、障害者、ホームレス、貧しい外国人と一緒に生きるインクルーシブ・チャーチを目指す取り組みをしていた。様々な苦しみを抱える人たちとの共生を目指す教会の活動は、私自身の教育観にも大きな影響を与えた。私が特殊教育の教員になるのは極めて自然ではなかったかと思う。

2　黎明期におけるキリスト者の役割

二点目は、日本の障害児教育や社会福祉の黎明期に大きな役割を果たしたのがキリスト者たちであったことである。本書で見てきた信州の障害児教育や神奈川県で最初の障害児学校である盲学校を創設してきたのは、キリスト教信仰を持ち、障害者の人権尊重の旗を高く掲げ、社会の差別に対して闘ってきた人々であった。キリスト者教師なくしては日本の障害児教育は語れない歴史を持っている。

それは同時に社会福祉の分野においても同様である。日本の社会福祉の夜明けにどれだけのキリスト教社会福祉家が、社会から見捨てられた最も弱い立場の障害者たちの生活権を守り抜いてきたことであろうか。それは日本の社会福祉の歴史に燦然と輝くものとして知られている。著名なキリスト者の社会福祉家を何名か上げてみよう。

最初は日本の障害児教育・福祉の創始者であり、滝之川学園を創設した石井亮一とその妻筆子である。亮一は鍋島藩奨学生に選ばれて官立工部大学校（後の東京帝国大学）を受験したが、体格検査で不合格になった。そこで私立立教大学に入学し、日本聖公会C・ウイリアムズ主教から洗礼を受けた。このウィリアムズ主教の導きによって孤児教育の道へと踏み出し、東京救育院で孤児・貧児の教育を始めた。そこで出会った知的障害児の教育に強い関心を抱き、明治二九年にアメリカに渡り知的障害児教育の研究に没頭した。濃尾大地震で多くの孤児が生まれ、彼らのために「孤女学園」を設立していたが、帰国後にその中に特殊教育部を設置して知的障害児を受け入れ、名称を滝之川学園として、ここに日本で初の知的障害児学校が設立された。この学園に有力な支援者が現れた。華族出身の渡辺筆子である。若き日に鹿鳴館の華よと謳われた筆子には三人の娘がいたが、いずれも障害児であった。障害児が生まれたことで離縁された筆子は、亮一の障害児教育に自分の使命を感じ取り、一緒にその教育に励むようになり、やがて二人は結婚した。

亮一が設立した滝之川学園は、アメリカの知的障害児学校をモデルにした寄宿制学校であった。それが利用者の高齢化、障害の多様化、社会意識の変化等への対応の結果、生活、教育、労働、医療の総合保障施設へと発展していった。敗戦後の改革によって、滝之川学園も他の施設と同様に、児童福祉施設に位置づけられ、教育、労働、医療は切り離されたが、障害者を生活者として総合的に捉える亮一の思想は、今日の分断的、縦割り的な支援のあり方に再考を促すものとなっている。

さて、滝之川学園の歴史には様々な困難が待ち受けていた。火事で寮生六名が死亡したり、財政破綻の危機もあった。病弱であった夫亮一が死去すると、二代目学園長に七七歳の筆子が就任する。日本が戦争に向かう逆風の中で障害児を守り続け、敗戦一年前に八四歳の一生を終えた。
亮一と筆子の生涯は祈りの人生であった。苦境の中で神に祈り続けた。亮一が筆子に語った言葉がある。「人は相手を支えているときは自分のことばかり考えている。しかし相手からどれだけの恵みを与えられているかは気づかないものだよ」と。亮一・筆子夫妻の障害児への途方もない愛情と、支える者が支えられるという信仰の神髄に導かれる生き方。ここにキリスト教信仰の深い摂理を思わざるを得ない。
筆子の二人の娘は母より先に天国に召された。墓誌にはこう刻まれている。

鴿無足止處還舟（鳩は足を止める処がなければ舟に還る）

障害のある娘たちは、この世に生きる場所がないので天国に還っていったという意味である。障害者の居場所を作ることに命をかけた筆子の思いが感じ取れる。筆子は最後にこのような歌を詠んでいる。

いばら路と知りて献げし身にしあればいかで撓まん撓むべきかは

川田貞治郎は東京府大島に設置された藤倉学園の開設時から学園長を務めた。彼の業績は知的障害者の教育と保護の方法を確立しようとしたことである。それを教育的治療学と命名し、実証性と科学性を重視した。川田の教育的治療学は、現代の知的障害児者の教育や福祉の課題に対しても大きな意味を持っている。

川田は茨城県出身で、家は広い農地を持つ裕福な豪農であった。父親と医師になる約束をし、一七歳で東京に出てきて、開成中学校に入学する。だが、彼は幼少時代から触れてきたキリスト教への関心が高まり、開成中学を退学して青山学院に入学し、やがてキリスト教に入信して、その後も普及福音神学校で神学を学ぶ。その後は東北学院などで宗教活動に従事するなど、彼の青年時代は宗教活動一色となった。

明治四一年、神奈川県に設置された感化教育施設、小田原家庭学園の主任として勤務し、感化教育に従事する。小田原家庭学園では、不良少年が勤勉な生活習慣を身につけるために午前中に学課を、午後に農作業等の実習を実施していた。川田は不良少年の不良な状態は心の散漫にあると考え、目、耳、皮膚等の五官の作用を重要視した。それを「心錬」と名付けて感化教育の中に位置づけた。だが、施設の中には知的障害が原因と考えられる不良が含まれていることを知り、そこから知的障害者の教育への関心も芽生えた。

明治四四年、茨城県渡里村に寄宿舎制の知的障害児教育施設、私立日本心育園を創設し、彼らの教育と保護に従事することになった。この施設は、学園での教育を卒業した後に学園外で生活が可能になるように「治療的教育」と「独立的な職業」の教授を目的としていて、卒業後に近隣のパン屋で実習する者もいた。

「心錬」とは、今日の「感覚統合療法」であると考えられる。アメリカの作業療法士エアーズがまとめたもので、生活の中で様々な感覚器官を通じ、絶えず身体に入ってくる複数の感覚、（五感、固有受容覚、前庭覚など）を正しく分類・整理・取り入れる脳の機能の向上を図るものである。この機能によってその場その時に応じた感覚調整や集中が可能になり、周囲の状況の把握とそれを踏まえた行動がとれるようになるとされている。

川田は大正五年に心育園を廃止して、二年半アメリカで知的障害児の教育を研究し、大正八年東京府大島に知的障害者施設・藤倉学園を設立し学園長を務めた。昭和一三年頃から入所者数は七〇名の大所帯になり、創設時とは異なった処遇内容が求められるようになった。その要因として入所者における年長者の増加があった。そこで入所者が施設内で終生生活ができるように、農作業の充実に力を入れるようになった。

川田の結婚は日本心育園をつくった頃であり、キリスト者になったために勘当された川田の相手は、同様に家から勘当された栃木県の医師の娘であった。当時の日本社会ではキリスト教に入信することは家族から勘当されることが通常であった。そのような中でも信仰を持ち続け、障害者や苦しむ人々のための教育・福祉に生涯をかけた人たちがいた。度重なる困難を乗り越えさせたのは、神の恵み以外の何ものでもなかった。(13)

石井亮一・筆子や川田貞治郎をはじめとする社会福祉家の多くはキリスト者たちであった。

白川学園（京都）の脇田良吉、桃花塾（大阪）の岩崎佐一、三田谷治療教育院（大阪）の三田谷啓、児童教化八幡学園（千葉）の久保寺保久、島田療育園（東京）の小林提樹、近江学園（滋賀）の糸賀一雄など、ここに名を連ねた人たちは近代日本の社会福祉を牽引してきた人たちであり、その多くはキリスト者たちである。

今日のキリスト教にはかつてのように社会を動かしたり変えたりするような働きが見られるであろうか。注目は集めなくても貧しく弱い人を守ろうとする活動や、社会をより良くしたいという取り組みを私はいくつか知っている。だが、どちらかと言えば「信仰は心の問題」と内向きになっていて、信仰者が社会に知られることはほとんどない。発言力や発信力に欠けたものとなって久しいのではないか。

社会の中で先駆的な取り組みによって今までは社会の片隅に追いやられてきた人々の人権を守り、生活権を支え、人間仲間として温かく受け入れた人々が、今日の障害児教育や社会福祉の土台を築き上げてきた。このことを私たちは襟を正して学ばなければならない。彼らはどんなに苦境にあり危機に瀕しても、決してその歩みを止めることはなかった。それが信仰者の生き方であり、神に生かされて生きる恵みの人生に他ならなかった。

３　時流への抵抗

三点目は、信州教育を作り上げてきたキリスト者教員たちの時流への抵抗である。子どもの個性を尊重し、教員と生徒との愛による関係性を重視し、国の決める教育を排除した自由主義教育のために、教員たちは闘った。「気分教育」とまで貶められ、国体違反ではないかという県の視学官の厳しい追及に対して論陣を張って対抗した。愛や自由を重要視した信州教育を守ってきた先達たちの姿が見えてくる。

その姿は、後に続く者に何を残したのか。内村の言う岩のような硬い気質のある信州人キリスト者。どんなに社会や国の弾圧があろうと信念を変えず、変節しない硬骨のキリスト者。神以外の何者をも恐れない信仰者。彼らの背骨には差し込まれた鉄棒が、彼らをすっくと立たせ、ぶれない人間を見せている。もちろん例外はある。

この権力に抗い、信念に生きた人たちは、今を生きる者に何を語っているのか。私は信州人のキリスト者教員を見てきた。それはただの記録で終わることではない。なぜなら、私自身が信州人で信濃教育を受けた者であり、そしてキリスト者教員であるからだ。

私は高校まで信州で暮らし、大学生として東京に出てきた。その後、神奈川県の教員となり、神奈川県教育委員会で長く教育行政を担当し、その後県立盲学校、養護学校の校長を歴任した。同時に教会の信徒、さらに神学生になり、日本基督教団の試験を受けて二九歳で伝道師になり、牧師であった妻の死後、その遺志を継いで六九歳で牧師職に就任した。伝道師四〇年、牧師三年、合計四三年間、私は牧会者であった。

信州人キリスト者教員で、校長職に就きながら教会で説教を担当していた人々が何人も出てくる。資料を読みながら、私自身と同様の境遇にあった先達がいたことの不思議さ何度も思った。牧師であり校長であるという二足わらじを履いた人物が、過去にもいたのだ。二つの使命と二つの価値観、そして二つの生活を、どう理解し、どうこなしてきたのだろうか。私自身の問いに対して彼らから直接答えは届かない。だが、彼らがどう生きてきたかを振り返ることはできる。彼らに比べれば、私は、少なくとも小さな反抗はしたが、彼らほどに強くぶれない精神の岩を持ってはいなかったと断言せざるを得ない。

第2章　自由民権運動と盲学校の誕生

1　自由民権運動

自由民権運動は、明治時代の日本で行なわれた憲法制定や国会開設のための政治運動、社会運動である。「板垣死すとも自由は死せず」の言葉で知られる板垣退助は、明治六年、征韓論を主張して敗れ、下野したが、明治七年、愛国公党を結成し「民選議院建設建白書」を提出して国会開設の請願を行なった。そこに始まる運動が自由民権運動である。

それは、藩閥政府による専制政治を批判し、憲法の制定、議会の開設、地租の軽減、不平等条約の撤廃、言論や集会の自由と保障などの要求を掲げ、明治二三年の帝国議会開設頃まで続いた。国会開設を要求する運動が国民的運動となって、全国各地の村々町々で湧き起こっていった。これは日本の歴史上空前のスケールであり画期的な出来事であった。全国各地で憲法起草の運動が展開され、民権家による極めて民主的な内容の私擬憲法草案が三十数種も創り出されていたことが知られている

「五日市憲法草案」は明治初期に作られた私擬憲法である。当時神奈川県にあった五日市町

で作成され、昭和四三年に発見されたものであるが、この私擬憲法四五条には「日本国民は、各自の権利自由を達すべし、他より妨害すべからず、かつ国法之を保護すべし」と自由権が規定されており、平等の権利、出版・表現の自由、信教の自由、結社・集会の自由等の条文が続いている。また、基本的人権や教育権についても触れている。当時としては画期的な内容となっている。

さらに、岩手の小田為綱の手になる「憲法草案稿評林」の中にこのような一文もある。「天皇陛下といえども自ら責任を負うの法則を立て、無道の君なからんことを要すべし」と。また、「皇帝憲法を遵守せず暴威を以て人民の権利を圧抑する時は人民は国家総員投票の多数を以て廃位の権を行なうことを得る」とあり、人民が天皇を廃位する権利を有することを記した私擬憲法まで登場したのである。このような過激な一文は明治憲法にはなかったが、第二次大戦後の天皇の戦争責任は極めて曖昧にされ、それが日本国民全体の戦争責任を問わないことに結びついていることを考えれば、君主への抵抗権を謳う必要を説いた当時の自由民権派の人々の慧眼に頭を垂れるしかない。彼らの自由と権利に対する何よりも強固な意志が感じ取れる。

このような私擬憲法草案の誕生の背景には、地方の民衆・民権家が法律の知識を学び取り、自分たちの手で国家の理想を紡ぎ出そうという運動の熱情があった。自由民権運動は、豪農等の余裕のある人々など特定の階層の人々のものではなく、長い間封建時代の圧政に苦しんでいた民衆が、自由を求めて立ち上がった運動であったと言えるであろう。

人々は自由民権家の語る言葉に魅了されたのだ。「人の上には人はなく、人の下には人もなし。貴族富豪を羨むな。我も人なり、彼も人なり」と自由の歌に掲げられているこの人間の平等性、人間誰しも同じ権利が、同じ自由があることが、民衆の心を捉えたのである(1)。

ただ、自由民権運動を理解するにはいくつかの面を知っておく必要がある。フランスやイギリスの自由思想を取り入れることによって日本人が初めて民主主義や人間の権利を学んだという面、すなわちルソーやスペンサーという思想家の影響下で自由と人権を自覚して立ち上がったという面がある。土佐の立志社をはじめ士族や豪農の自由民権家、自由党員の中にそのような人たちが見られる。だが一方で、この民衆運動は武州一揆のような世直し一揆や、明治新政府の政策に反対する大きな一揆の形を取るものがあり、その流れやうねりが絡み合って進展していく面もある。さらに、自由民権家の多くは尊皇派であったことも、その後の政治に大きな影響を与えることになる。それは主導者である板垣退助の心情にあったものである。板垣は、「君主」は「民」を本とするので、「君主主義」と「民本主義」は対立概念ではなく、むしろ同一不可分であると説いた。これらの趣旨説明では、「天賦人権説」がしばしば用いられている。世界の自由主義思想はキリスト教神学の聖書解釈や個人主義を伴って発展したものがほとんどであるが、日本の自由主義は天皇崇拝と愛国主義に結びついていて、単純にリベラリズムとは言えない特徴があった。むしろ、天皇制と結びついた自由主義の故に、内にあっては底辺民衆、被差別部落出身者、アイヌ、沖縄、外には朝鮮、台湾などの人民に対する差別や蔑視の根が築かれたというべきである。

一方で、自由民権運動が尊皇派とは結びつかなかった例もある。民権家の中にキリスト教徒がいて、彼らがキリスト教の持つ博愛主義や人道主義による底辺民衆、障害者、被差別部落出身者、外国人等を受け入れた活動を展開したことが知られている。そこには天皇を崇敬することとを偶像礼拝と一刀両断する者もある。その点から不敬問題を起こしていっそうの迫害や弾圧を受けることになるが、それらに屈することなく道を切り開いた人々がいる。それは、わが国で初めての障害児教育を確立した出来事の中にも見て取れる。

自由民権運動は、最後は政党によって取り込まれて自滅する結末を迎える。だが、日本の歴史の中で民衆が自由と権利を求めて立ち上がり、大きな国民運動にまで発展させたことの意義は極めて大きなものがある。

自由民権運動の歴史を見ていこう。

明治一六年後半から一八年にかけて、困民党事件が全国で七〇件ほど起こっている。困民党は借金返済をめぐって結成された農民組織であり、一八八一年松方財政の紙幣整理に端を発した大不況の中、関東中部地方等の養蚕・製糸地帯の貧農が中心となって、負債利子の減免、元金の年賦償却等の要求を掲げて運動を起こした。群馬事件、秩父事件は自由党の党員の指導下のもと、これらの農民が蜂起した。

この中で有名な秩父事件は、そのピークを為した事件である。しかもただ借金を巡る暴動ではなく、公租公課をめぐる要求や社会的平等の問題を取り上げた自由民権運動の底流に位置づけられるものであった。この秩父事件は、民衆が立ち上がり、自分たちに正義があり、また正当な権利があることを主張して社会を揺るがした運動であった。

この運動は、秩父郡一帯の何万人という民衆の支持を受けたものとなり、最後には武装して政府軍と衝突するという前代未聞の反乱となっていく。その根底には単に貧しさに耐えかねた農民が社会の不平等を訴えて立ち上がったということに止まらず、自由民権運動によって培われた権利の主張、自由権・平等権への飽くなき憧れとも言うべき精神の高揚が存在した。

植木枝盛はこう言った。「世に良政府なし、人民ただ良政府たらしむるのみ」と。権力は必ず腐敗する。権力者は人民に悪を為す。だから人民には、常に言論・集会・結社の自由、そして抵抗の権利がなければならない。それが自由民権運動の中核であった。

自由民権運動は様々な結社をつくり、啓発活動を行なって人を集めていった。その結社は政治団体ばかりではなく、むしろ学習を行なうグループであった。その学習会には自由党の演説家を招いて講演会が開催された。佐原の法界寺での演説会には、「聴衆すでに堂宇に充満し、立錐の余地もなきに至り、千二、三百の多きに及べり」とある。このような民権結社による政治演説会は、当時一年間に何千件もあったという。それらは、地域の地主や名望家たちが道楽で催す政治談話会だったり物好きな人々が物見遊山的な気分で集まるといったりしたものではなく、村全体が新たな政治を創り出すという夢に向かって高揚する集会だったに違いない。貧農たちは、民権家の語る政治思想を歓呼して迎え入れたのだ。

だが、不屈の精神を有したはずの自由民権運動は挫折をする。一つにはナショナリズムから抜け出せなかったことである。アジアの国々、とりわけ朝鮮問題で自由民権家は政府の考えに同調した。政府が宣伝・扇情する「国難」や北方脅威論に何の違和感も持たず、むしろ同意・協調路線を取ったのだ。

明治一五年、朝鮮の京城で日本軍と中国軍が武力衝突を起こし、やがて第二次京城事件を経て日清戦争に突入する。この時、民権家たちは、中国や朝鮮に対して民権派に相応しい善隣・友好、平和・中立という立場を取ることを放棄した。日本の軍事力を強化充実させることが民権運動より優先すると考えたのである。国権が民権より重要であると考えたことに間違いがある。中国や朝鮮の人民の苦しみを共感できなかった自由民権運動は、この点で大きく変質して政府側に立つようになった。

日清戦争に際して、民権家植木枝盛、田中正造、またキリスト者内村鑑三も明確にこれを支持する文章を著わしている。福沢諭吉は「文野戦争（文明と野蛮）」と呼び、内村鑑三は「善戦」と称した。ただし日露戦争では、内村も田中も揃って反戦の意思を表した。だが、福沢諭吉が掲げた文明と野蛮の対決という思想は、日本がいかに優れた民族であるか、それに比して中国や韓国がいかに劣ったたった民族であるかを強調し、日本人の中にあるアジア民族への差別を露呈している。この狭隘なナショナリズムを突破できなかったことが、自由民権運動の限界であった。当時は、これを植木枝盛も内村鑑三も理解できなかった。日清戦争後には、台湾を日本の植民地にしたことは、劣等な民族を優秀な大和民族が支配するという構図として正当化された。

そして自由民権運動がその末期にさらしたのは、政治に取り込まれた無残な姿である。既に述べてきたように、運動の挫折は日本が朝鮮に出兵させたときから始まる。民権家はそれを支持した。内村鑑三のような知識人も戦争に賛同した。そこにあるのは朝鮮人に対する差別意識である。それが人種差別であることを民権家は見抜けなかった。続いて起こる台湾侵略も批判しなかった。むしろ朝鮮侵略にも台湾侵略にも自ら義勇兵として参加する意思まで表明したほどである。民権家は明治の大陸進出政策に絡め取られていく。

自由民権家は、国家権力と戦うために、しばしば五箇条の御誓文や国会開設の詔勅を利用し、自由への国民の渇望を押さえ込もうとした政府を批判した。だが、それは両刃の刃となり、結局天皇の名において民権運動が弾圧される状態を招いた。また自由民権運動の目指した政治運動は自由党を結成させた。しかし自由党は、完全な立憲政体を樹立することを国民に約束し、人権の確立のために戦うという姿勢を示したにもかかわらず、民衆と結びつこうとする急進派を切り捨てることによって自壊していく。理想の政治団体・政党を作る過程で自由民権運動は政治によって壊滅させられていく。

この自由民権運動の三、四〇年後に大正デモクラシーが起こる。初期の労働運動、農民運動、社会主義的運動となって、人民が世の中を作る時代の到来が予見できた。その意味では自由民権運動の再興とも言えるものであったが、やがて昭和恐慌を突破するために日本政府は軍事大国化を図って大陸進出に踏み出していく。これに対しても民衆は政府を倒すどころか、その言いなりになっていった。そして迎えたのは日本の敗戦であった。

このように見てくると、日本には政治や社会がお上によって作られていく時代ばかりではなく、自らの手で自由と権利を求めて戦った時代が確かにあったことが分かる。それを誇りに思わなくてはならない。また、そのようにして自らが主体となって政治や社会を変革するためには、どうしたらよいのかを、これらの先人たちから学ぶ必要がある。

2　相州（神奈川）の自由民権運動

明治維新後に政府は近代化を目指し、国家体制や地方制度づくりの模索に入っていく。一八七八年から八〇年にかけて地方行政の仕組みが創られていく。相州でも各地域の豪農・名望家の中から、民意を肌で知る地方政治家が生まれてきて、県議・郡長・区長（村長）・町村議員の要職に就くことになる。そして日本初の選挙制度が誕生することになるが、その有権者は一定の税金を納める男子だけで、女子には選挙権は与えられなかった。

国が任命する「地方官議会」が、七五年、七九年に開催され、国会開設前の下院の役割を果たした。この「地方官議会」を傍聴した全国の県議会議員有志の会は、「国会開設請願運動」を申し合わせた。その場に立ち会った相州（現在の神奈川県）の県議は六名。その中に平塚在住の杉山泰助、福井直吉がいた。彼らの帰郷とともに相州の請願運動が開始される。全国の動きに合わせ、県民の運動が合流し、相州の平民が国政の表舞台に登場するお膳立てが整った。

全国的に民権家は旧支配階級の士族が多く、次いで商人、農民など様々であるが、相州では農民層に属する豪農出身が多い。豪農たちは、広大な田畑を有し、村の多くの人々を雇い入れていた。農業だけでなく、養蚕、酒造、金融も営み、地主的性格とブルジョワ的な性格を併せ持つ者であった。村の名望家であり、社会的リーダーであり、場合によっては文化振興の側面も持つ者もいた。社会の矛盾、民衆の苦しみも肌で感じ取り、その解決のために先頭に立つこともあった。

このような地方政治の担い手となっていく豪農は、自由と民主主義を求めて国会の開設運動に取り組み、切実な国民の要求を掲げることによって、明治の藩閥、絶対主義政権と対峙することになり、広範な農民・大衆の支持や共感を集めた。平塚は当時農村地帯を基盤に展開された自由民権運動の先進地区となっていった。

八〇年（明治一三年）にこの怒濤のような国民運動が全国各地で湧き起こった。国会開設を請願署名は七〇件、二八万筆に達した。相州九郡五五九ヵ町村の請願署名は、八〇年三月から始まった。この時の署名数は、二万三千五百五十五筆、当時の相州の三戸に一戸が署名したことになる。

時の神奈川県令・野村靖は県総代を呼び出して、こう苦言を述べたという。

「多くの署名を集めたようだが、国会がどのようなものかも知らぬ無知な者たちがすすんで署名するはずがない」。

それに対して、県総代の今福元頴（海老名在住）は答えた。

「無知な人々には憲法や国会など難しいことは話しても通じないが、自由な人間には必ず参政の権利があり、この権利を得るには国会開設が必要だと話して署名を得た」。

請願書は様々な妨害の後に元老院に提出された。福沢諭吉は、「今の政府は人民の政府に非ず、人民に参政の権利を付与して国会の開設するの一策あるのみ」と論じた。一八七四年に土佐の板垣退助たちが、「民選議員」の設立を建白して始まったこの政治運動に、相州は遅れて参加したが、やがて全国的な国民的大運動の一翼を担うまで社会的・政治的勢力に成長していった。

ここで、相州（現神奈川県）の自由民権運動に前後して起きた平塚の真土（しんど）事件について触れておかなければならない。一八七八年（明治一一年）平塚の真土村の大地主・松木長右衛門宅が、二六人の武装した地元農民に襲撃され、主人・家族・下男ら七名が殺害され、四名が傷つき、家屋もろとも焼き討ちにあった。世に言う「真土村一揆」、「松木騒動」である。

事件の発端は以前から長く続いていた田畑の封建的土地制度を政府が廃止したことによる。土地の持ち主を確定し、地券を発行してこれにより土地の私的所有が確定した。それまで耕作権しか持たなかった農民たちは、田畑が自分たちのものになると喜んだ。

真土村の田畑の所有権は従来から農民にあったが、借金するために土地を質入れして小作をするようになっていた。これを質地小作と呼び、当時の慣行であった。松木は質地小作六〇人、自分の土地一五町歩を持ち、村高の三分の一を有する大地主であった。

松木は地券の交付時に、印鑑を農民から預かり、質入れ地を松木名義にして地券の交付を受けた。「騙された」と知った農民たちは横浜裁判所に対し、土地の請け戻しの訴訟を起こし、一審は勝訴するも、東京上等裁判所の控訴審では松木の主張が認められて農民側は完敗。農民たちは大審院への訴訟費がないどころか日々の暮らしに困る危機の中にあった。明治九年から一一年にかけてのことである。

この間農民たちは裁判に終われ仕事も手につかず、その上松木はこの窮状の中を小作料滞納二年分の支払いを求める訴訟を起こし、農民の困窮に追い打ちをかけた。万策尽きた農民たちは密かに寄り合い相談をし、松木のような人でなしを生かしておいたら末代までも災いを受ける、村のためにも命を賭けて討ち取ろう、と誓い合った。本降りの雨の夜、二六名が松木宅を襲った。

松木の悪名は近隣の村々にも知れ渡っており、事件後に松木を諷した替え歌が流行ったという。

こんどサエー、所は相模の真土村
音に聞こえし松木というは
人の田畑にわが名を付けて
これけもワシのとお上に知らせ
情け心は少しもなくて
やるが嫌で　取るのが好きよ
それにつけても今度の出入り
人の怨みにその身の末も
少しは思えよ　ねじくれ松よ

世間の同情は殺された松木ではなく、逮捕された加害者に集まった。事件から一ヶ月後、三郡一三六ヵ村の豪農層が村ぐるみで立ち上がり、助命嘆願署名を集めた。その数一万五千であった。嘆願書は被告人たちが家族のことを顧みず、命を捨ててまで「暴殺」の挙に出ざるを得なかった心情に深い同情を寄せ、怨悪の深き恨怒の念はあまねく民衆の思いであり、私怨によるものでなく、村全体の公怨だと被告らを強く弁護した。他にもたくさんの助命嘆願運動が行なわれた。

明治一五年、横浜裁判所は、四名に死刑、七名に懲役八年、一四名に同三年の判決を下した。その後も嘆願署名運動は続いて、ついに政府を動かし、死刑から無期懲役に減刑され、その後刑期満了を待たずに全員の出獄が叶った。横浜の県議・海老塚四郎兵衛の多額の資金援助により、田畑は農民の手に戻った。

この事件は当時の新聞を賑わし、小説や芝居にもなった。この運動を展開した村民の思想と行動は、神奈川の自由民権運動の芽生えとなり、この地で運動が広がる下地となった(2)。

さて、民衆が立ち上がり、国会開設の大請願運動が全国各地で捲き起こっていたとき、北海道開拓使・黒田清隆が同郷薩摩の政商・五代友厚らの関西貿易商会に安値・無利子で官有物の払い下げを決める事件が起こり、世論の激しい批判を受けてこの払い下げを中止した。世に言う北海道官有物払下げ事件である。世論は沸騰し、これに押されて政府は明治一四年に国会開設の詔勅発布に踏み切った。

全国の民権勢力はこの機を捉えて、わが国最初の政党である自由党の結成に動いた。自由党の創立大会は東京浅草で行なわれ、板垣退助を党首に選出した。この自由党盟約は国民の自由と権利を高らかに宣言し、以下の三大綱領を記した。
一、吾党は自由を拡充し権利を保障し

　　幸福を増進し社会の改良を図るべし
二、吾党は善良なる立憲政体を
　　確立するため尽力すべし
三、吾党は日本国に於て吾党と主義を共にし
　　目的を同じくする者と
　　一致協力して以って吾党の目的を達すべし

　この自由党の創立大会には、まだ自由党に入党していなかった政治結社・湘南社の水島保太郎、伊達時、融資社の佐藤貞幹など五名の県議が代表として参加した。その中の伊達時こそ、後の中郡私立盲学校の創始者であり、開設後に初代校長となった人物である。

　自由党の時代となって、県内では党主催の演説会や学習会が活発に開催された。後々まで語り伝えられた「武相自由懇親会」は三日間連続で行なわれ、相模川の「遊船会」には板垣退助らを招き、川を上り、鮎釣りも楽しんだ。板垣の乗る先頭の舟に「自由万歳」と大書した垂れ幕が飾られ、数十本の五色の吹き流しがたなびき、花火も打ち上げられた。見物する黒山の民衆で両岸が埋め尽くされ、参加者は七百人を優に超えたと言われている。

　この自由党の活動は各地に学習運動を起こし、「講学会」が続々と生まれた。専任の講師を雇い、政治、法律、経済が論じられ、人民大学を目指した高い水準のものであった。

こうして神奈川では空前の学習ブームを迎えた。初めて知る「自由」「人権」「立憲政体」の文字やその理想に活動家たちは心酔した。数百年続いた封建的観念から解放された自発的な思想改造運動であった。

一八八〇年〜八三年にかけて、未曾有の学習熱から生まれた民権結社が県内に続々と作られた。その数は百社を超える。代表的なものは次のとおりである。

湘南社（一四年八月　会員数一五〇人　大磯）
相愛社（一五年二月　会員数一〇〇人　厚木）
講学会（一六年一月　会員数一五〇人　厚木）
真友会（一六年一〇月　会員数五〇　綾瀬）

このような民権結社による学習によって、教育・啓蒙・演説会の開催で民衆を啓蒙した。だが、やがて自由民権運動を政府が弾圧する時代が到来する。

明治八年、新聞に政府批判を書くことを禁止した「新聞条例」と、事実の有無を問わず名誉の毀損を処罰することを定めた太政官布告「讒謗律《ざんぼうりつ》」が公布された。

明治一三年「集会条例」による言論の抑圧。

明治一五年「集会条例」の改正の中には「政治に関する事項を講談論議するための旨趣を広告し、委員もしくは文書を発し、公衆を誘導し、または他社と連結通信することを得ず」と明記された。

当時最高潮に達していた自由民権運動に危機感を抱く政府は、この運動を徹底的に封じ込める政策を採り、これによって運動に大きなダメージと変質をもたらした。当然このような政府の弾圧に対して自由民権運動は強く反発し、運動が過激になり、農民の窮乏化に伴って各地に騒擾《そうじょう》事件が勃発する。このような運動の激化事件は、農民騒擾と呼ばれ、神奈川県内でも多くの事件が起こった。先に上げた真土村事件をはじめ、露木事件、武相困民党事件である。これらの中心はいずれも負債に苦しむ農民であり、高利貸しや大地主に対する実力による抗議であった。ただ、露木事件では加害者が全員死刑という運命をたどり、真土事件の加害者が減刑された頃とは全く異なる事態となった。それだけ時の政府は民衆の蜂起に強い危機感を抱くようになっていたということであろう。そのため武相困民党はこの露木事件から多くの教訓を学び、武力による抵抗ではなく、合法的な請願活動へと方向転換を図らざるを得なくなった。

ここからは、平塚の自由民権運動について見ていく。

江戸時代の平塚の領主たちは徳川家の家臣である。三河出身の旗本二、三人が分割統治し、農民たちがまとまって反抗しないよう支配されていた。領主である旗本は江戸に常住して支配地には住まない。そのため上層農民を村役人に任じて年貢の取り立てなどをさせていた。名主、百姓代、年寄りなどの役職は互選で決まり、各村では農民の自治によって封建統治が行なわれていた。そのため幕末には豪農たちが存在して実質的な統治の中核を担っていた。

相州の自由民権運動は関東の中でも屈指の活動を展開してきた地域であるが、大住・淘綾両郡は豪農を中心にした地域である。その中心の一つとなったのが平塚の金目村である。

丹沢山地の南麓から流れを集めた金目川は、下流域で花水川となり相模湾に注いでいる。その川沿いの金目観音堂・光明寺を中心に民家が点在しているのが金目村である。明治維新当時の村は明細帳によれば一〇七戸、石高一二八三石、大住郡内では有数の村であり、秦野と平塚を結ぶ秦野街道の要所であり、金目川の流域に開けた明治の文化村と言われ、整った教育施設と文化水準の高さは村の古老たちの誇りであった。

この金目村の自由民権運動の指導者は、宮田寅治、猪俣道之輔、森鏁《こう》三郎で、後の世にいう金目の民権家トリオである。村の有数の豪農・名望家であり、年齢順に宮田、森、猪俣で、三人とも二〇代の青年であった。

宮田らは民権結社「湘南会」を結成し、一八八〇年の国会開設請願活動では、わずか三ヶ月で二万三千余名の署名を集めている。自由民権運動家の多くはキリスト教徒であったと言われているが、キリスト教の持つ啓蒙思想を日本でも開花させようとする人々が、盲人学校設立に大きく寄与したことも知られている(3)。

豪農を中心にした自由民権運動は行き詰まっていく。新聞条例、集会条例などで民権家を弾圧し、明治一四年の政変によって大蔵卿大隈重信が免官となった。後釜に座った松方正義の経済政策は失敗に終わり、松方デフレと呼ばれる状況を起こした。松方は不換紙幣の増発によって生じた銀貨と紙幣の格差や物価上昇を抑えるために、紙幣の整理と兌換制度に必要な正貨の蓄積を行ない、日本銀行の設立に動く。だがそれにより深刻なデフレが起こり、その影響で米や繭などの農産物の暴落という結果になった。そのことは農村不況と農民の急激な没落に繋がっていく。

松方デフレによる農村不況と農民の急激な没落の深刻化は、明治一六年末から一七年にかけて明らかになる。その時代に相州の農村不況がどれほど深刻であったは、大住・綾部両郡戸長総代の三名の代表者が明治一六年一〇月に県令・沖守固《もりかた》に提出した「地租延納之義付上申書」の中に記されている。そこには穀物相場が急下落し、世間一般の金融閉鎖も加わって、農家の窮状は名状しがたい状況であると述べている。農家にとって二倍の収穫がなければ生活できないほどに追い込まれていった。

その中で、生活苦から土地を担保に借金する農民が続出し、土地が金融業を商う地主に集中するようになった。このため高利貸しの地主たちは、窮乏する農民たちの怒りを受け、襲撃を受けたり殺害されたりる者も出てきた。それによって自由民権運動はその担い手であった豪農・地主から中小農民層に移り、各地の講学会も自然廃止になっていった(4)。

民権運動とキリスト教

金目村の輩出した三名の民権家を語るときに、キリスト教との関係を無視することはできない。自由民権運動は、西洋の自由、人権、民主主義の理念を背景に生まれたきたものだが、それに共鳴した多くの村民がキリスト教徒になったことが村史に残されている。

宮田寅治、猪俣道之輔、森鎌三郎たちは、いわゆる豪農であり、その多くは名主職を世襲し、維新後は戸長や村長になった人たちである。宮田は一八五八年生まれであり、猪俣はその翌年、森はまたその翌年の生まれで、ほぼ同時代の彼らは、それぞれ戸長、県会議員、村長、学務委員（一八七八年の教育令制定により「市町村が学校事務を管理せんが為に学務委員を置くべし」による役職）等を経験している。

彼らは民権運動の挫折後も、果たし得なかった理想を捨てることなく、より地域に密着した運動を地域の中で展開していく。それは自由民権運動の自由、権利、立憲政体ということに留まらず、地域住民の生活改革、実業教育、福祉教育の三根の縄（本来の意は、旧約聖書の伝道の書にある、沈黙、感謝、祈り）を編んでいく。

日本人による最初のプロテスタント教会は横浜海岸教会であるが、「横浜海岸教会人名簿第一号」には、明治一九年一〇月一五日に洗礼を受けた七名の名前が記されている。そのうち宮田寅治、猪俣道之輔など五名が金目村の人たちである。その後、金目村のキリスト教徒は明治四三年には四三名になっている。

明治二二年に日本基督教会金目講義所の献堂式が行なわれ、金目観音堂の北側に置かれた。この講義所には一年だけ常駐した伝道者はいたが、母教会である横浜海岸教会の牧師たちがここを訪れ、伝道をした。

キリスト教徒となった宮田寅治は明治二二年の県議会に廃娼建議案を提出する。時の明治政府は売春を公娼制度の名の下に公認し、社会の醇風美俗に貢献していると主張した。だが、この公娼制度に異議を唱えていたのが、都市部を中心に広がりを見せていたキリスト教徒たちである。やがて二〇年代になると彼らは公娼制度の廃止を訴え、その啓蒙活動や地方議会の有志と組んで廃娼決議を提出するようになる。全国廃娼同盟が結成され、この運動の高まりの中で神奈川県でも横浜基督教青年会がその運動の担い手となっていった。宮田は公娼制度を「人間の尊貴を墜とし天賦の自由を奪うものなり」としてその非人道性を糾弾する。神奈川県には開港地横浜を中心に娼妓二千四百人がいて、県が公娼業者に課した賦課金は県予算の二四％を占めていたという。そのため廃娼決議案が提出されると、県下の貸座敷・楼主業者はその阻止に向けてあらゆる手段をもって妨害を図ったという。宮田たち廃娼建議案提出者は、至る所で暴力や嫌がらせを受け、命を奪われる危険の中にあった。だが、明治二三年一二月の県議会で廃娼案の採決が行なわれ、二六票対二四票の僅差で廃娼の決議が行なわれた。

宮田の廃娼建白書の草案が「感想録」に記載されている。「一に曰く人倫の大道を乱る、二に曰く国家の体面を汚す、三に曰く社会の淫風を盛にす、四に曰く国家の生産力を耗損す、五に曰く一家の平和を撹擾す、六に曰く犯罪の階梯を作為す、七に曰く廉恥の心を亡失す」と、七点を上げて公娼制度の欺瞞性や娼妓への同情、さらに業者の非人間性を糾弾している[5]。

明治二二年から猪俣道之輔が金目村初代村長となり、明治二五年から宮田寅治が二代目村長になる。この二人の民権家によって、金目の村づくりが本格化することになる。その最大の事業が明治一九年開校となる三郡共立学校と私立中郡盲学校の設置である。また農業をもって生業とするこの地方の八月の農閑期に特別な副業はないものかと模索した二人は、この地に養蚕業を奨励する。さらに高価な肥料を商人から買わされていた農民の困窮を改善するために、一括して買い上げる農業協同組合の先駆的事業も開始する。言ってみれば農村の生活改善に向けた取り組みがここに始まったのである。宮田寅治は教育にも強い関心を持ち、男子中等教育、福祉教育、女子教育にも尽力している。

神奈川県の県立中学校はすべて明治三〇年代になってから開校した。最初の中学校は横浜の第一中学校（現在の希望ヶ丘高等学校）第二中学校は小田原、第三中学校は厚木と続いていったが、東京に比べて神奈川の中等学校の設立は遅れていた。その背景には横浜のミッションスクールに代表される私立・私塾が多く設置されていたことによる。

明治四年の廃藩置県によって県内の教育の担い手であった小田原藩の藩校である文武館（旧集成館）や各郡内に広く存在した私塾・寺子屋が閉鎖されると、教育の機会が失われた人々にとって学校の再建と復活は悲願となった。様々な紆余曲折を経た後、明治一九年に大住・淘綾・愛甲の三郡共立学校が大住郡南金目村に設置されることになる。既に述べたように、この学校設立に尽力したのは教育の重要性を最も必要と考えた宮田寅治や森鑅三郎などの民権家たちであった。三郡共立学校は特に英語教育に力点を置き、地域の子弟から英才教育を期待された学校であった。

三郡共立学校はその後中郡学校と校名を変更していたが、その中に農業科を置き、郡立中郡農業学校と名称変更を行なった。明治三二年「文部省令第九号農業学校規定」が公布されると、神奈川県は明治三四年に農業試験場を金目村に設置した。やがて明治四二年には神奈川県立農業学校が平塚に開校することになった。これには郡立中郡農業学校が、生徒の増加に伴う校舎の増改築、諸設備の改善にかかる費用など、これ以上郡の財政上耐えられないことがあり、県立学校への移管を、宮田らが強く訴えていたことによるものである。平塚の県立農学校の開校とともに郡立学校の閉校式が行なわれた。三郡共立学校、二郡共立学校、中郡学校、郡立中郡農業学校と幾多の変遷の中で、その設立と維持に深く関わってきた民権家、宮田寅治、森鐷三郎らの姿がそこにあった。自由・人権・立憲政治を掲げて戦ってきた彼らが、地域の教育を作りあげる中心的役割を果たした。

また、廃校となった郡立中郡農業学校は逗子開成中学校長大田澄太郎と金目村村長猪俣松五郎に無償貸与される。この無償貸与された校舎を使って私立育英学校が開校する。そしてこの学校も幾多の変遷を経て、昭和一〇年神奈川県立秦野中学校（現神奈川県立秦野高等学校）に繋がっていく。(6)

3　盲学校の誕生

中郡盲人学校は、一九一〇年（明治四三年）に平塚の金目村に開校した。開校に至る経緯を「県立平塚盲学校百年のあゆみ」の中では、次のように記されている。

設立者は秋山博という当地で開業する鍼灸師。一八六三年、金目村の近くで生まれたが、一二歳で疱瘡で失明、ほどなく金目の鍼灸師に弟子入りし、その後努力を重ねて名鍼灸師となり、全国から患者が集まるようになる。秋山は同業者の資質向上のために鍼学講習会を月一回開き、参加者も増えていったが、財政的問題によって講習会の開催も困難となっていく。当時から、後援として郡長、町村長等の有力者の寄付に頼っていたが、やがて最大の後援者となる宮田寅治、猪俣道之輔、猪俣松五郎等のキリスト教徒が全面的な支援者となる。彼らは村長や県会議員を務め、盲人学校の設立に多大な貢献をした。

もう少し詳しく秋山博という人物像に迫ってみよう。

秋山博は一八六三年、大住郡矢崎別名（現在の平塚市岡崎）で、秋山平三、き奈の長男として生まれ、名を善太郎と言った。秋山家は代々農家であった。だが、善太郎は子どもの頃に天然痘を患い、一命を取り留めたが失明の身となる。失明しては家業は継げず、南金目の鍼医与野竹次郎に弟子入りすることになった。善太郎が一三歳の時である。

盲学校の最大の後援者であり三代目校長であった宮田寅治の長男文一は修業時代の秋山についいてこう語っている。「私が子どもの頃、よく父母の治療のために与野さんが秋山先生を伴って来られましたが、『お前くらい勘の悪い者はいない』と叱られていましたが、大変な努力家で人柄も良く……」と。善太郎は与野竹次郎の元で三年半にわたり厳しい修行を積んだ。師匠も舌を巻くほどの精進ぶりであったという。

秋山は明治一六年、南金目の観音堂近くに鍼灸院引を開業した。二〇歳の時である。秋山の腕は確かで明治三〇年代には、「秋山の鍼」、「金目の鍼医」として知られるようになる。

小説家の村井弦斎は『をりをり草』で次のように秋山を紹介している。

> 秋山博氏という鍼医は相模国の隠君子で、その人格高潔なること誠に敬服すべきのものがある。秋山氏の鍼と言って相州一国に有名なるのみならず、遠く甲州・信州・駿州・尾州辺から治を乞いに来る患者が金目に集中して、金目村の旅館は秋山氏のために生活しているというくらいである。

秋山は腕の立つ鍼医として自分一人が有名になっただけでなく、同業者の技術向上のために金目に開設された鍼学講習会で指導的役割を担った。秋山の持つこの地域の指導者層との結びつきの中で多くの理解者協力者に支えられて講習会は発展していった。

盲人の社会的自立のための場として作られた講習会の発展は、それまで鍼灸業を賤業視し、盲人を差別していた当時の社会風潮を一変させ、盲人に対する偏見を次第に取り除く役割を果たしていった。何しろ、鍼師秋山は、医者の見立てより正確で詳しいとまで評判を取っていたのだから。

明治一八年、内務省が「鍼灸術営業取締方」を発布すると、これを受けて各府県は「鍼灸術営業差許方」を公布し、鍼灸を営むためには経歴などを届け出て営業鑑札を受ける必要が出てきた。開業以来、同業者の技術の未熟さ、医学的知識の不足を痛感していた秋山は同業者の資質向上を図ることが急務と考えた。

そんな折りに宮田寅治が秋山にこう勧めた。「旧来の徒弟制度では多数の弟子を教育することは不可能故、此際大英断を以て盲人学校を設立したらどうか」と。秋山は盲学校設立への思いを深くした。そして、その主旨を伝えるべく地域の有力者をはじめ慈善事業家各氏の門を叩いて訴え続けた。そのため盲学校設立すべしという機運が高じていった。

明治四二年、中郡鍼灸按摩組合長秋山博を発起人として「中郡盲人学校設立趣意書」を作成し、神奈川県知事に提出した。ここには中郡長白根鼎三はじめ郡内二七町村長などが賛同者として署名している。そしてついに同年一二月、神奈川県からの設立の許可が下りた。設立者は秋山博、設立並びに経営者として宮田寅治、猪俣道之輔、森鑠三郎、猪俣松五郎、白木啓の名が載っている(7)。

明治四三年四月九日、私立中郡盲人学校が開校した。初代校長は吾妻村（現在の二宮町）の医師・伊達時で、秋山博は校主となった。校主も校長も無給であった。

盲人学校は日本基督教会金目村旧講義所を借り受けて開校された。男女の寄宿舎も近くに二ヶ所借り受けた。財政的には宮田らの寄付に依るところが大きく、郡費補助を申請して若干の収入増になるが、後に郡会議員となる宮田は、「毎年論議湧出し、晴眼者の教育を先ぜんとする傾向にて、盲教育を無視せんとする状態にあり、此の補助金の継続維持に人道問題を絶叫するの苦境にあった」と回顧している。障害者の学校を立ち上げることなど考えられなかった時代に、彼らの社会的自立のために奔走した民権家キリスト教徒の揺るぎない信仰を見ることができる。

やがて、金目教会に置かれた盲人学校は、生徒も増えて校舎も手狭となり移転する。その後も、村長の猪俣らが中心になって支えていく。関東大震災による校舎倒壊等、度重なる苦境を支えたのはキリスト教徒であった。やがて、昭和八年の県立移管を機に「盲唖学校」となり、昭和二三年には、盲学校とろう学校がそれぞれ独立して現在に至っている。

盲人学校の設立に多大な尽力をした宮田寅治は、明治一九年に横浜海岸教会で受洗した後、二年後に金目村に教会を建てる。県会議員になった宮田は廃娼運動に没頭し、県議会では様々な妨害を排して公娼廃止の建議案を可決させた。この廃娼運動は、自由民権運動とキリスト教人道主義が原動力であった。人間の尊厳、平等の理念を希求するものであり、権力に対する闘いが民権家キリスト教徒によってなされた実例である。

学校の維持運営は財政逼迫の状況が常にあって非常に苦しく、いつも廃校の危機に立たされていた。生徒数の増加による校舎移転（大正三年）や伊達時校長の死去（大正五年）、校主秋山博の死去（大正七年）と続き、何より生徒増加の要因となっていた名鍼医者秋山の死去は、生徒数の減少に結びついた。時は第一次大戦後の経済不況と重なり、篤志家の寄付も減少し、借入金や利子が増大する。その中でも最も困難な時期は大正七年から昭和八年にかけて一五年間であった。

そんな中で三代目校長宮田寅治の取った盲学校の財政再建計画は、「盲人学校慈善後援会」の設立である。それは学校を維持するために特定の篤志家によらず、広く地域住民を対象とした後援会組織をつくり、組織の加入者の会費によって学校の運営を図るという、画期的なものであった。「中郡盲人学校慈善後援会設立趣意書」が作られ、郡内町村に会員を募り、郡二七町村長が幹事役となって各会員から毎年一口五〇銭以上の会費を集め、学校の維持管理費に充当するものであった。後援会の活動は大正九年から具体的に始まり、大正一一年度分として六九〇円が計上され、一四年度分は二一一一円と年々増加していく。これは収入全体の三〇〜五〇％を占めたという。

盲学校の開設以来、篤志家資産家からの寄付による慈善事業から、一般市民の後援会費で運営維持するものとなったことは、単に財政上の問題解決に終わらず、地域住民の参加による学校経営、そして地域と盲人学校が支え合うという形態を取ったことであり、これこそ特筆すべきことである。「地域にある学校」を考える上で地域住民との関係性をつくっていく新たな試みがこの時代にできていたことは驚きに値する。盲学校を地域住民が「我らの学校」と受け入れるとともに支え合う学校づくりの嚆矢として語り継がれる事柄である。

なお、歴代校長の多くは、昭和八年に学校が公立移管されるまではキリスト教徒であった。筆者は平塚盲学校の二三代校長であったが、盲学校の歴史を振り返りながら何度自省したであろうか。彼らに比して私はいったい何をなすべきなのか、そして何をなしたのかと。

現在よりはるかに差別と偏見に満ちた社会風潮の中にあって、障害児の学校を立上げ、廃娼運動に身を挺して実践した金目教会のキリスト教徒の福祉事業・社会活動に一目置かざるを得ない。富国強兵の時代にあって、兵士や工場労働者になり得ないと考えられた障害者に向けられた侮蔑と憐れみを一変する役割を果たした盲学校の誕生は、障害者観や福祉観、教育観を根本的に変えたものであった。現在でも社会の根底にこびりついている「社会に役立たない障害者像」、「生産性のない人たち」という偏見の一掃に挑んだ一大事業であった。

現在平塚市は福祉の町として知られるようになっている。神奈川全県から見ればさほど広くないところに、県立の障害児学校が四校も設置されている。盲学校、ろう学校、知的障害特別支援学校、肢体不自由児特別支援学校である。二〇〇七年（平成一九年）に本格実施された特別支援教育は、どのような障害にも対応できる障害児学校（特別支援学校）の設立が目標とされた。個々の学校が障害種別に捉われない学校のあり方を探るものであったが、この構想は平塚市には該当しないと多くの人たちは考えた。なぜなら、すぐ近くにあるそれぞれの専門性を持った特別支援学校が緊密な連携をすれば足りるからである。例えば視覚障害と肢体不自由の障害を併せ持つ生徒は、日常的に肢体不自由教育部門のある平塚養護学校に在籍して肢体不自由の障害に特化した授業を受け、視覚障害の自立活動（点字、歩行訓練、視覚障害者向けの教科学習）を平塚盲学校で週一回程度の通級指導の教育を受ける、などが可能である。近隣にまとまって存在する障害種別の専門教育が受けられる学校を利用できる環境にあるのだ。また特別支援学校だけでなく福祉施設も充実していて、福祉の町の看板に相応しい取り組みがなされている。

4　盲学校誕生と現代

ここまで私立中郡盲人学校の歴史について見てきたが、ここから何点かを指摘したい。

①盲人学校とキリスト教

私たちは盲人学校の誕生を単純に福祉事業・社会活動と呼んでよいものなのか。キリスト教の宣教活動との接点はどうであったのだろうか。その点からの考察も必要ではないかと思う。

金目教会の会堂の一部を盲人学校に提供して開設された学校では、生徒は礼拝に出席するのが常であった。むしろ、聖書に登場する多くの盲人をイエスが癒やされた物語が載っていて、教会には生徒だけでなく盲人や関係者も少なくなかったという。やがて盲人学校は公立の盲唖学校となって現在の地に移転すると、平塚教会へ寄宿舎の生徒たちが礼拝出席するようになる。金目村の盲人学校の思い出をまとめた書物の中で、学校経営者であった比企喜代助の妻きよが、次のように語っている。

主人比企の生涯の支えとなり、私立盲人学校の人格教育であったキリスト教にふれますと、主人は神主の息子であったためでしょうか、以前からキリスト教徒として生活をいたしておりましたが、正式に洗礼を受けたのはずっと後の大正一四年です。……主人の盲人観は「もし盲目なりしならば罪なかりしならん。されど見ゆという汝らの罪は遺れり」（ヨハネ伝九章）というものでした。主人が所属しておりました平塚教会には、点字の聖書や讃美歌がたくさん備えられ、日曜日には教会の水野牧師が生徒全員を引率して礼拝に出席するというふうで、主人ばかりでなく他の経営者（盲学校）の方々も皆クリスチャンでしたから、おのずと家族的な雰囲気が漂っておりました(8)。

生徒全員が教会で礼拝をする。それは盲人学校の教育の根幹にキリスト教があり、盲学校教育の中心がキリスト教教育であったことを意味している。そこには神との出会いがあり、キリストによる罪の赦しに与り、洗礼にいたる道が備えられていた。盲人学校の教育はキリスト教信仰と不可分なものとなっていたのであろう。

私が二三代校長として赴任したとき、同窓会の席に招かれ、皆の前で私がクリスチャンであり教会の伝道師であると紹介された。参加者の多くがクリスチャンの校長が来たと喜んでくれた。大半がクリスチャンであったからである。私が桜本教会で路上生活者支援を行なっていることを伝えると、翌日から衣類が届けられるようになった。そのような家族的雰囲気の中で私は校長時代を過ごした。

②障害児教育と盲人教育（視覚障害教育）

わが国の盲人学校の歴史の一部を垣間見てきたが、ここでは二点述べたい。

一点目は、盲人を対象にした「日本盲人キリスト教伝道協議会」の取り組みについてである。この協議会の母体は、「盲人キリスト教信仰会」であり、創立は一九一五年である。明治以降の盲人社会の中で、多くの人々が聖書に基づく信仰を得ていたことが知られている。視覚障害者自身による聖書の点字出版、商業新聞の点字新聞の発行をはじめとして、世界に例のない活動を展開していった。戦後、経済的な大打撃の中、ヘレン・ケラー女史の来日の際にはアメリカの盲人団体からの資金援助によって、「日本盲人キリスト教伝道協議会」が設立された。一九五一年に設立総会が開催され、盲人伝道の礎が築かれた。ヘレン・ケラー女史は実際に平塚盲学校に来校したと学校沿革史に記されている。

盲人の多くがキリスト教信仰を持つに至った背景には、何と言っても聖書に登場する盲人の癒しの物語があったのであろう。日本における因果応報思想による障害理解によって、差別・偏見の檻に閉じ込められていた視覚障害者が障害や生きることの意味を聖書によって示されたのである。

だが、問題となるのは、盲人以外の障害者を対象とする伝道組織が日本にはないことである。ろう者、身体障害者、精神障害者等は何らかの交流会はあるものの、彼らを信仰に導く目的の団体はない。これは、視覚障害には、ある意味で他の障害に対する優越性が存在していることを示している。

日本の障害児教育は、盲教育に始まっている。盲学校が誕生し、次いでろう学校が設置されていく。西洋においても、一三世紀に最初の障害者を収容したフランスのキャンズ・ヴァンという施設では、失明刑（失明させる刑罰）を受けた十字軍の兵士三百人がいたという。そして一八世紀には、障害児学校として最初の盲唖院が設立された。

日本では、一八七二年の学制の中で、「廃人学校あるへし」と記され、障害児学校の設立が規定された。一八七六年に麹町に「私立廃人学校」（盲学校）が、さらに一八九二年に「京都盲唖院」が、一八八〇年に「楽善会訓盲院」がそれぞれ設立された。いずれも視覚障害、聴覚障害の学校である。平塚盲学校を例に取れば明らかなように、上記の学校はキリスト教徒が多く関わっている。「楽善訓盲院」は英国人宣教師フォールズの提唱で楽善会が組織され、各地に訓盲所が設立された。

問題なのは、盲学校やろう学校が学制に基づいて次々と誕生していったが、知的障害や肢体不自由の教育が一段と遅れを取ったのは何故かということである。第二次世界大戦後の一九四六年の教育基本法では、障害児の就学免除が実質的に決定される。一九四八年の「盲学校・聾学校の義務制」の政令が公布されたが、知的障害、肢体不自由の教育は、一九七九年の「養護学校義務化」まで待たなければならなかった。盲学校や聾学校の義務化から遅れること三一年である。その背景には何があるのだろう。

理由は明白である。健常児の学校教育が優先し、障害児、特に知的障害や肢体不自由の教育が後回しにされたのである。盲学校や聾学校は、視覚や聴覚に障害はあっても、知的な遅れのない子どもたちがいる。社会に役立たないという印象の強い障害児の教育が後回しにされるのは、このような優生思想が未だに日本には残っていたからに他ならない。

日本国内のキリスト教の障害者伝道団体が視覚障害に限定されている理由はそこにある。知的障害は伝道の対象に相応しくないとの考えがある。肢体不自由児はその八割に知的障害を併せ持つ重複障害者である。彼らが学校教育から後回しになった経緯は、同時にキリスト教の宣教対象から排除されていることと重なる。さらに問われるのは、現在もなお教会が知的障害者を排除し続けていることである。知的障害を理由に洗礼が拒否されたり、礼拝からも排除されている事例は少なくない。言葉による意思疎通が難しく社会的適応力に欠ける知的障害者は、教会には相応しくないという暗黙のルールが存在する。キリスト教における優生思想の残滓はあまりに強く現在に及んでいる。明治期のキリスト者の盲学校建設の情熱を知るたびに、現在のキリスト者の意識の低さを指摘せざるを得ない。

二点目は、自由民権家たちが立ち上げ守り続けた盲学校の精神は後継者たちにどう受け嗣がれてきたのかである。自由民権家たちは、障害者の学校を設立しただけではない。選挙権獲得運動だけではなく、浮浪児を保護し、廃娼運動を展開し、禁酒運動を起こした。社会全体を平等で公正なものにして、個々人の生存の権利を求めた運動であった。多くの学校をつくり、国の学制を遥かに凌駕する教育活動を展開した。

既に述べたとおり、盲学校設立と維持を図った人たちは、民権運動では果たし得なかった理想を、より地域に密着した運動として展開していく。それは自由民権運動が目指した自由、権利、立憲政体だけでなく、地域住民の生活改革、実業教育、福祉教育の「三根の縄」（本来の意味は、沈黙、慰謝、祈り）を編んでいった。

私は盲学校が単に視覚障害者の教育を実行するにとどまらず、三根の縄で地域を変革していったことに注目した。障害児学校は児童・生徒を教育する場だけに終わらない。地域社会全体を変える使命があることを深く学んだ。それは次の学校開設時のミッションやビジョンづくりに大きく影響することになった。

　私が盲学校校長として在任していた二年目の終わりに、教育委員会は川崎市北部に設立する新養護学校の初代校長に私を任命した。全国的に盲・ろう・養護学校の児童生徒数の急増が深刻な課題となっていて、十年前の二倍となっていた。その結果として新設校が多く作られることになった。川崎市北部の新設校も、過大規模化（児童生徒数が定員を上回る状態）に対応するためであったが、教育長は、新設養護学校が今後も新設される神奈川県の養護学校のモデル校となるようにと指示をした。

　川崎市の市立中学校教員であった私には、バックグラウンドがある。地の利・人の利があり新設校を設立するには私が適任と判断したのであろう。私はモデル校となるために盲学校設立のノウハウを取り入れることを試みた。例の三根の縄の思想である。開校一年前に近隣の高等学校の一室を「新設養護学校開設準備室」として借り受け、ここを拠点に新設校の地ならしとして近隣の小・中学校・高等学校をはじめ地域の障害者施設、障害者を受け入れている企業、また様々な専門機関との連携・協働を前もって作る必要があった。

　だが、新設校予定地に来て遭遇したのは、地域住民の養護学校設置反対運動であった。

　地域住民は、ここに多くの障害者が集まることによって犯罪が増え、安全な町でなくなるのではないかと懸念した。彼らにとって障害者とは犯罪予備軍であり、子どもたちの安全が守られるのか強い不安を抱かせる存在なのだ。教育委員会からは、反対運動は下火になっているとの報告を受けていたが、そうではなかった。私は町内会に何度も出席して、障害者は犯罪者ではないこと、地域全体で支えてほしいと何度も訴えた。これほどまでに障害者を排除する地域の人々を前にして、私は障害者が社会で置かれている差別的な状況を嫌というほど知ることになった。

だが、それは、盲学校を設置する際に民権家たちが受けた地域住民からのバッシングでもあったことに気づいた。彼らもまた優生思想が深く染みこんだ社会の中で、障害者がどれほどの差別受け、偏見に曝されてきたかに直面し、社会変革のために命がけで戦い、理解と支援を勝ち得てきたのではないか。私も先輩たちの遺志を汲んでここでくじけるわけには行かないと決意を新たにした。

そして新設学校の開設に当たって、この障害児学校は社会を変えるものだという強い意識を持つようになった。その哲学こそ、「インクルージョン」の哲学である。

インクルージョンとは何か。一九七二年、イギリス議会に提出された「ウォーノック報告」には、障害児と普通児の間に決定的な境界線は引けず、連続線上にあると見るべきだと記され、可能に限りインテグレーション（統合教育）を目指すことと書かれている。

さらに、一九九四年、スペインのサラマンカで行なわれた「特別なニーズ教育に関する世界大会」では、インクルーシブ教育を前面に出したサラマンカ宣言が採択された。そこには、通常の学校は特別な教育的ニーズを持つ子どもたちに対して開かれていなくてはならず、個々のニーズに対応できるように子どもを中心にした教育の実践や配慮がなされるべきであると記されている。
インクルージョンの概念は定まったものではない。国際的に確固として共通理解ができているわけではない。だが、一般的に言われていることを整理すると次のようになる。

インクルージョンとは、様々なニーズのある人々を包み込み支え合う社会のあり方を示すものであり、インクルーシブ教育は社会的インクルージョンの一面である。民族、言語、宗教、性別、貧富、障害等の理由で排除するのではなく、子どもの個別的ニーズに合わせた愛情豊かな教育を目指し、一人ひとりの違いを祝福し、歓迎する価値観に基づくものである。

ソーシャルインクルージョン（社会的包み込み）の視点からは、「排除」「差別」「偏見」と見られる従来の排除事象への反省のもとに、ともに支え合う共生社会づくりを実践する理念である。(9)

私はこのインクルージョンの哲学を武器に、地域社会の変革を試みようと考えた。単なる教育の改革ではない。障害児の学校だから持ちうる主張を地域社会に発信しようと思った。誰一人排除しない社会のひな型を障害児学校が、いや障害児学校だからこそ取り組めるのではないか。障害者、高齢者、外国人、貧しい人々、路上生活者等、差別や排除の対象になっている人々を支えていく社会の実現の中核となることはできないだろうか。一養護学校がそんな大それたことをすることが可能なのか。

私には既に先行している取り組みがあった。私は盲学校の設立者と同じキリスト教信者であり、伝道師をしていた。私の教会は川崎市南部の桜本にあった。在日朝鮮人の多住地区である。その教会で路上生活者支援に取り組んでいた。約三〇年間、毎週木曜日と日曜日の週二回食事や衣類等を提供し、病気や生活の困りごとの相談を受けてきた。それは小さな教会だけで取り組めるものではなく、病院や行政機関との連携、ボランティア、活動資金や食料品等の提供者を必要としていた。川崎の路上生活者を支える活動にはたくさんの支援者が求められた。教会では「川崎市の路上生活者と共に生きる会」を設置して、また理解や支援を求める取り組みを行なっていた。この活動が私の脳裏にあった。教会を地域に開放して人々を迎え入れる。それはインクルーシブ教会の活動であった。これを基本にして新設校を創っていこう。新設校はインクルージョンの学校を目指すものとした。

私は、盲学校を設立した自由民権運動家たち、すなわち人間の権利、言論、集会の自由、民主主義、学習権等の理念の上に、キリスト教博愛主義の理念を併せ持った人々によって神奈川で最初の障害児学校が生まれたことを知らされた。私は彼らが持っていた自由民権の理念に変わり、インクルージョンの哲学を中心に学校づくりに励もうと決心した。

その中核にあったのは、障害者排除の地域社会の変革であった。二〇〇五年、川崎市長が提言した「多文化共生社会推進指針――共に生きる地域社会をめざして」が公表された。しかし、その成果がどのようなものであったか。「共に生きる社会」「人権尊重の社会」は単なるお題目に過ぎず、障害者を排除する地域社会は何一つ変わっていないことを知った。だからこそ、新設校の設置は、いまだに存在する人権侵害との戦いという面を帯びてきたのだ。

第3章　戦前・戦時下の教育

1　戦前・戦時下の教育

①国家主義教育の始まり

一九三一年の満州事変以後の情勢の変化は、教育界にも様々な改革を要請するようになってきた。日中戦争が始まった一九三七年以降、文教政策にも戦時下という考え方が色濃く出るようになった。太平洋戦争が始まった一九四一年以降は、非常時教育の施策が実施されるようになり、一九四三年からは決戦体制下の教育に入り、さらに戦場が本土近くに迫り都市が爆撃されるようになると、一九四五年に「戦時教育令」を公布して学校の教育活動はほとんど停止させられた。こうして一九三七年以降、教育は次々に戦時体制の一部に組み込まれいったのである。

この間の経緯を少し細かく辿る。一九三七年「盧溝橋事件」を発端とした日中戦争が始まる。この年近衛内閣は「挙国一致」「尽忠報告」「堅忍持久」を三大目標とする「国民精神総動員実施要項」を閣議決定した。一九三八年「国民総動員法」を制定し、この法の下に「国民徴用令」等の勅令を公布して国民生活の隅々まで統制するようになり、総力戦体制を確立し、大戦への道をひた走ったのである。

総力戦体制を遂行するために、一九三七年に設置された「教育審議会」の答申に基づき、一九四一年の太平洋戦争開始直前、従来の小学校を国民学校へ再編させ、また勤労青少年のために実習補習学校と青年訓練所を統一した青年学校が設置された。

このように新しい学校制度によって、開戦から敗戦に至るまでの間、様々な戦時教育体制が確立されていく。その教育とは、「皇国の道に則りて」「国民の基礎的錬成を為す」（国民学校令第一条）ことを目的とし、「国体の本義（一九三七年）」、「臣民の道（一九四一年）」等に示された皇国民像に基づいて、「天皇に帰一」し、身を挺して国家に奉仕することを強要したものであった。

これらの教育は、結局は子どもたちをお国のために死へと追いやる教育そのものであった。子どもたちを兵隊へと、また満蒙開拓青少年義勇兵へと動員する役割を果たしたものであった。満蒙開拓少年義勇軍は、『満蒙開拓史』によると六万六五三〇人という数字が残されているが、この数字は厳密なものではない。よく知られている中国残留得孤児の多くは、この満蒙開拓団の子女と言われている。

この満蒙開拓青少年義勇兵がどのようにして集められたかについては、残された体験記録によるしかないが、志願の動機は、「教員の指導」によるものが圧倒的に多く、一九四一年には七七％に達している。既に述べたように、特に長野県では義勇軍募集はほぼ強制的になり、「学級から最低二名」を送ることが指示された。割り当てを達成できない教師は「教育者の資格なし」と言われ、達成者には校長・教頭の出世コースが待っていた。教員が「満州に行かぬものは人間ではない」と教壇から煽ったのである。その結果、長野県から全国で最も多い七千人もの義勇軍を送り出し、多くの教え子を死に追いやることになったのである。戦時下の教育は、子どもたちを死地に追いやる教育であった。

教育の軍国主義化は、修業年限の短縮に見られるように、教育そのものの機能を失わせた。一九四四年「決戦非常措置要項」を発令し、中等学校生徒程度の者には一年間の勤労奉仕に当たらせ、ついには国民学校初等科を除き学校の授業を原則停止することにした。もちろん例外とされた初等科の児童たちも学童疎開により、満足な教育を受けられなかったことは言うまでもない。五月になると「戦時教育令」と同「施行規則」が発令され、教育期間であるべき学校の機能はすべて奪われ、丸ごと戦争遂行機関へと姿を変えた。ここに、日本の教育は機能不全となった。天皇制軍国主義は、教育そのものを抹殺するに至ったのである。それはまさしく「教育の死」であった。

明治五年に公布された「学制」に通底する教育観は、教育は個人の自立のための知識を、身分や性別に関係なくそれぞれの努力によって身につけることを推奨した点で、優れて近代的な教育観に基づくものであった。だが、この教育観は教育の近代化を推進することに異を唱える儒教的な道徳教育を中心とする復古派によって潰されていく。

しかし、初代文部大臣の森有礼は、このような儒教教育すら否定し、国家主義的な新たな教育を展開させる。一八八五年に文部大臣就任後に彼の独自の教育意見書「閣議案」を提出し、これからの日本の教育は「国民の士気の高揚」が第一であるとして、国民の愛国精神の涵養に求め、万世一系の天皇を中心にした「国体」と人々の「護国の精神」と「忠武恭順の風」を最も重要なものであると明らかにした。

森有礼は、日本を国民国家にするために国民に「愛国心」を植え付け、その拠り所として新たに国家指導者となった天皇への忠誠心、すなわち「忠君」を利用することを考えた。これに基づき、「小学校の学科及其程度」が発せられ、教育内容を定めた。修身科は筆頭教科とされたが、教育内容は国内外の地位ある人々の行跡の中から、児童に適切にしてかつ理解し易き簡易なる事柄を談話するとされた。今の時代に、孔子・孟子の教えを講ずるのは実情にそぐわないと、儒教教育を退けたのである。

こうして学校は、天皇・天皇制に基づく国家理念を普及するための機関となり、文部省は御真影の下賜を都道府県立師範学校・同尋常中学校等の公立の中等レベルの学校にまで拡大し、国家祝日に御真影への拝礼と唱歌斉唱の儀式の挙行を推奨した。その後市町村立高等小学校にも同様の拝礼が持ち込まれた。

一八九〇年教育勅語が発令された。教育勅語は戦前の日本の教育理念を示す文書であり、日本社会の欧化を抑制し、国体主義に基づく国家体制を維持するために重要なものとなった。教育勅語は絶対性を持ち、戦前・戦中の日本の教育理念の中心となった。

一八九〇年の第二次小学校令には、「修身は教育に関する勅語の旨趣に基づき児童の良心を啓発して其特性を涵養し人道実践の方法を授くる以て要旨とす」とある。その先にあるのは、修身の教科書を教員の判断に任せることを禁じ、修身教科書の検定が行なわれ、国定教科書になっていった。

次に出てくるのは「学校儀式の定型化」である。第二次小学校令の第一五条には、祝日大祭日には学校儀式を挙行することが規定されている。一八九一年に定めた「祝日大祭日の儀式規定」によれば、儀式の内容は次のとおりである。

①御真影への最敬礼と天皇への万歳奉祝
②教育勅語の奉読
③教育勅語の趣旨に基づく校長訓話
④祝日大祭日にふさわしい唱歌の斉唱

この儀式の内容は式日としての国家祝日のほかに国家神道の祭日が加えられ、学校儀式そのものが国家主義に基づく天皇制教化の役割を果たすものとなった。

日露戦争は、アジアの小国である日本が大国ロシアに勝利して、アジアの一等国になったことを内外に示した。それにより、国内外に天皇の権威がいっそう強調されるようになり、同時に国民の自尊心をくすぐった。こうして教育勅語は日本人にとって理想の人間像を示すものとなった。

一九〇七年「全国師範学校校長会議要項」にある答申の中で、小学校教育における教育勅語の扱いについて、次の四点を挙げている。

①小学校在学中に児童に教育勅語の暗誦ができるように教育すること。

②文部省は、教育勅語の特徴と内容が理解できるような唱歌を選定して、これを小学校で教えること。

③小学校の最終学年の修身教科書は教育勅語の釈義にあて、その装丁も豪華なものにして、卒業後も永く保管して、聖旨を実現できるようにすること。

④修身科の教育については、訓戒・訓話を含めてなるべく教育勅語の語句に落ち着くようにすること。

このように、教育勅語は教育の中核に置かれ、卒業後も個人の生き方の指針として奉るものとなった。天皇への敬愛が日本人の愛国心と結びつく教育が行なわれた。

やがて国民学校の時代になると、儀式・行事に留まらず日常の学校生活の中にも国体主義に基づく天皇制が入り込んでくる。「初等科修身」の教師用書（指導書）には、「日頃の行いを反省させ、登下校時には奉安殿に最敬礼を行い、皇居に向かって拝礼し、戦時下に於いて自分は何をするべきかなどについて具体的な指導を徹底すること」とある。教育勅語の根底にある天皇崇拝が日常的に行なわれたことを示している。

2　日の丸・君が代の制定

一八九一年、文部省は儀式に用いる唱歌を例示した。それが「小学校に於て祝日大祭日儀式に用ふる歌詞及び楽譜の件」である。ここで注目すべきことは、儀式用の唱歌として「小学唱歌集初編」収録の「君が代」と、「中等唱歌集」収録の「君が代」という二種類の「君が代」が提示されたことである。「君が代」には少なくとも三種類があったという。一八九三年に文部省は試行錯誤の末、「中等唱歌集」の「君が代」を小学校祝日大祭日学校儀式において使用するものと一般化したのであり、それが現在の「君が代」となっている。

一九一二年に明治天皇が死去すると大正天皇が新たな天皇に即位した。明治天皇の大喪に合わせて「奉悼の誠意」を示す「遙拝式」が行なわれ、児童・生徒も参加対象であったが、一般人のための「遙拝所」として学校が使用された。国民全体の天皇に対する忠誠心を国は求めたのである。学校は単に教育機関だけではなく、地域社会の天皇礼拝の場所として用いられた。

一九一五年、大正天皇即位に当たって、「即位礼奉祝学校儀式」が行なわれたが、皇室関係の学校儀式に「国旗」が登場した。即位式当日の奉祝旗は国旗以外の奉祝旗を掲揚する必要はないと通牒した。これによって、学校行事に国旗が普及していった。国旗もまた天皇制に深く関わっている。

大正天皇の即位式を契機に、二万校を超える公立尋常小学校に正規の御真影が下賜された。この御真影はその保管に厳密な対応が求められた。空襲の激化に備え、御真影の集団疎開も実施された。疎開先での御真影の奉護は、各校の校長が二名ずつ輪番で宿直して行なうものという規定があった。東京都の発した心得には御真影の保管は命を賭して行なうものと記されていた。神格化された御真影が人命より優先されるという異常な出来事が実際に起きた。

一九二一年、長野県植科郡南条尋常高等小学校の火災に際し、「挺身火中に入りて御真影を奉遷せむとし遂に殉職」した同校長中島仲重の記事が残っている。この火災は学校に管理者不在のなか火災が発生、校長が御真影の救護のために火中に身を投じ、殉職したものである。この殉死について様々な意見があったという。「国家のために大慶至極の次第」の意見があり、一方では、「謹んで御真影はすべて宮内省に奉還し万全の場所に安置し奉らん」との意見もあり、御真影そのものが教育現場には不要であるとの主張もあったという(1)。

今日ではたかが一枚の写真のために命を落とすことは信じがたい出来事であるが、戦前は社会全体が異様な呪術的雰囲気に包まれていたのではないか。誰一人天皇制にものが言えず、不合理と思いながらも従わざるを得なかった時代であることが読み取れる。

商船規則に基づき日章旗(日の丸)が「御国旗」と定められたのは、一八七〇年(明治三年)のことである。しかし、政府は開港場、開拓使、府県庁、税関等で国旗の掲揚は必要ないとの方針を出していた。これにより、政府機関における国旗掲揚の慣行はいったん消滅した。国旗掲揚が国民統合の意識を形成すると考えて国民に発せられたのは、一九〇八年「戊申詔書発布」である。この時期の修身教育で、祝祭日に各家庭で国旗の掲揚が論及されている。国旗掲揚の普及は、学校ではなく、家庭が先行していたことが分かる。政府が学校関係に国旗掲揚に関する通牒を発したのは、一九一五年の普通学務長発地方庁宛通牒である。これは大正天皇の崩御に伴う昭和天皇の即位礼に関わるものである。大正天皇の即位礼には国旗掲揚は記されていない。国旗掲揚が広く一般に普及する端緒として、「国民精神作興に関する詔書」の趣旨徹底政策があり、それが昭和天皇即位礼と祝賀行事によって日本社会に浸透していった。関東大震災による人心動揺を鎮めるために発布された「詔書」が昭和天皇即位と結びつき、戦時下の国民統合・動員の基礎を作りあげたのである。

このような流れの中で、天皇の神格化（現人神）が生まれてくる。一九三五年に天皇機関説事件と、これを契機にした「国体明徴運動」が起こり、「教学刷新」によって大正デモクラシーと自由主義思想の残滓はすべて排除され、日本は極端な国体主義の席巻する国となる。国体明徴運動とは、天皇機関説をはじめとするリベラルな国家観を否定し、ファシズム的な天皇制へと再編する試みであった。「教学刷新」とは、祭政一致の原則により、天皇を神格化して教育勅語の理念を徹底することを目指すものであった。これにより、家族国家観のもとで総家父長であった天皇に代わり、現人神＝天皇のイメージができあがる。生ける人間を「神」にまで押し上げる古代呪術の世界へと日本は入っていく。

一九三七年、盧溝橋事件に端を発した日中戦争は、「国民精神総動員令」により天皇信仰の強制と、国民一人ひとりの国策への全面協力を求めた。天皇信仰の典型的な例は、「宮城遙拝」である。宮城遙拝は神宮遙拝より優先するとの答申により、天皇を神仏よりも上であるとした。仏教やキリスト教はこの天皇崇拝をどう見ていたのか、なぜこれに抵抗できなかったのか。現世を越えた処にある普遍的な価値観を持つはずの宗教が、このような国家主義に対して「非戦」や「抵抗」の姿を示さなかったのはなぜか。教育も宗教も丸ごと天皇制政治に絡め取られ、子どもたちを戦場へと送り込む愚かな国策遂行機関になったのはなぜか。

日本の初等教育は近代的な教育制度を整備しないままに強制的な義務教育が行なわれた。教育勅語に象徴されるように、教育の目的、内容、方法は、政府が独占的に掌握するが、財政措置を伴う教育諸条件の整備のほとんどすべては郡市町村及び民衆が負担するものであった。こうした地方財政に任された教育財政がいかなるものであったかは容易に想像できる。実質的な就学奨励策の欠如、教員待遇の劣悪さ、過大学級の増大、さらに二部教授の実施など教育諸条件の慢性的不備が常態化していった。この事態に対する政府の態度は、基本的に節約と奮闘努力を指令するのみであった。

例えば、日露戦争開始に当たって非常特別税法が施行され、地方財政の窮乏化が深刻化すると、政府は地方費緊縮政策の一環として、一九〇四年に学級定員増による学級整理、二部教授の実施などによって教育費を節減することを指令し、同時に天皇から「軍国多事の際と雖も教育の事は忽にすべからず、其局に当る者克く精励せよ」との言葉を賜り、教育関係者が間隙したという。

この二部教授は、例えば兵庫県の尋常小学校では、明治三〇年代中期より大正一〇年代にかけて、県下全尋常小学校学級数の少ない年で二割、多い年で五割、大体毎年四割の学級で行なわれた。極端な場合一人の教師に七四名と八七名の二クラスを担当させるという、信じがたい教育が実施された。ただでさえ二部教授は過酷で、「痩せ馬に重荷」「三年やれば命がない」と言われたものである。郡視学官が二部教授は、「教育の効果を減殺して国力発展の基礎を危うくする」と反対すると、県知事から始末書を書かされたという。(2)

一九三四年には「たたかいは創造の父、文化の母である。試練の個人に於ける、競争の国家に於ける、斉しく夫々の生命の生成発展、文化創造の動機であり刺激である」という極めて好戦的な書き出しで始まる陸軍パンフレット『国防の本義とその強化の提唱』が出された。それによると国防は武力戦を対象とする狭義の軍備から、国家の全活力を総合統制して対応する必要があるとの考えから、単に軍備のみならず、政治、経済、思想等についても軍部の考えが優先するとした。国防の人的要素である教育もその例外ではなかった。

そこでは、教育は「皇国の使命」実現の信念を培養する場とされ、その使命完遂のために「尽忠報国の精神」が強調される。一九三五年「教学刷新評議会」が設置された。教学刷新とは祭政一致の原則に基づき、天皇を神格化して教育勅語の理念を確実に教育内容にまで徹底することを目指したものであった。この評議会は、「源を国に発し、日本精神を以て核心とする」教学を目指し、国定思想の確立を行うものとなった。天皇帰一イデオロギーによって、学問研究を弾圧し、民主的創造的な教育の芽を奪い取っていったのである。

3　治安維持法と教育への弾圧

治安維持法は、国体や私有財産制を否定する運動を取り締まることを目的に制定された法律である。一九二五年、治安維持法として制定され、その後何回かの修正が加えられたが、一九四五年の敗戦後、ＧＨＱにより廃止された。

当初、治安維持法制定の背景には、ロシア革命後に国際的に高まりつつあった共産主義運動を牽制する政府の意図があった。一九三〇年代前半に左翼運動が壊滅したため、法律の意義が失われたように見えたが、一九三五年以降は宗教弾圧にこの法律が用いられ、大本教、ＰＬ教団、創価教育学会、天理教、ホーリネス系キリスト教団などが、天皇を頂点とする国家神道の存立を脅かすものとして弾圧の対象となった。

治安維持法の取締の対象には教師も含まれていた。教師が教育労働者であることを自覚し、教師の完全なる経済的・政治的解放、および日常学校生活の改善並びに反動教育の撲滅とプロレタリア教育完全なる獲得という二大目的を掲げたわが国最初の運動団体は、「日本教育労働者組合（教労）」と「新興教育（新教）」である。一九三〇年、非合法の「日本教育労働者組合」

の準備会が、そしてその表裏をなす「新興教育研究所」が結成され、ここにわが国初の本格的な教員組合が発足した。

この組合の特徴は、政治的反動と日本における封建制の遺物の主たる天皇制の役割を思想的に明確に位置づけ、反戦運動を労働者農民の日常利益のための運動と結びつけたことである。このような社会認識に立って彼らは国家主義に抵抗した。この組合は二六府県に設置されたが、弾圧を受けた。

ここで教師への弾圧の一例を挙げる。一九三三年、弘前市の相馬寒六郎は寝込みを襲われ、警察の特高室に連行された。特高室の真ん中にある火鉢を取り除くと、刑事が二人、飛びかかってきた。倒され、髪の毛を掴まれて引きずり回され、竹刀で殴られ、頭は蜂に刺されたようにボコボコになり、顔は二度と見られぬものになった。下の保護室に行くと教員がもう一人いて、何もかも彼らの前に明らかにされていたことを知った。彼は「プロレタリア文化連盟」の通信先と配布網を受け持っている教員であった。もう一斉手入れがされていて、相馬をはじめ六名が捕まっていた。

激しい拷問が始まった。指の間に鉛筆を挟んでねじり回す、火箸で手の甲を叩く。手の甲は腫れ上がり、やがて黒ずんでくる。その痛さに我慢できず、特高の言うとおり認めさせられた。その後、思想検事の取り調べが始まった。そこで相馬は自分が赤化教員という名目で起訴されたことを知った。相馬は五所川原の警察の監房に入れられ、すぐに柳町刑務所に入れられ、予審判事の取り調べを受け、裁判になったが、傍聴人は一人もなく、巡査だけが傍聴席にいた。検事から三年の求刑があり、求刑どおりの判決が裁判長から言い渡された。相馬はすぐに控訴し、仙台に送られた。公判では二年六ヶ月の判決があり、宮城刑務所行きとなった。刑務所に入ると毎日が作業であった。

ところがその数ヶ月後に下痢が続き、吐血をくり返した。執行が停止され入院。やがて病状は峠を越え、快復の兆しが見えた。実家に帰って養生することにしたが、家にいないでほしいと弟から言われ、交際していた女性が職を見つけたので一緒に暮らすことになった。特高刑事はそんなときも訪ねてきて、もう監獄に帰る時期だと言ったが、レントゲンで胃を透視すると大きな穴が開いていて、連れて帰るのを諦めた。

その後、所帯を持って子どもも生まれ、仕事にも就けたが、ときどき特高刑事が訪ねてくる。当然そのことが周囲に知られて、大家から退去を命じられ、住所は転々とした。病気がぶり返し、何度も入退院をくり返した(3)。

相馬は「プロレタリア文化連盟」に関わった教員である。だが、その行動は国家転覆を謀ったり、革命を目指したりするものとは遠かった。ただ、教員組合に関心を持ち、特高警察によって赤化教員と見なされて起訴され、裁判によって刑務所に送られた。治安維持法は革命運動とはほど遠い教師をも弾圧する。その背景には頑なに天皇制国家主義を守ろうとし、少しでも社会の流れに抵抗する者を根こそぎ刈り取るファシズムがある。このような歴史からよく学び、国家権力が国民を弾圧する時代が再び来ることのないようにしなければならない。

　プロレタリア教育運動と並んで、特筆すべきは、生活綴方教育運動の発展である。生活教育派の綴方教師たちの全国的な交流舞台となった雑誌『綴方生活』は一九二九年に創刊された。また東北の北方性教育運動を育てた雑誌『北方教育』は一九三〇年に創刊された。この生活綴方運動の中心には、日本の農村部の生活破壊、教育破壊に危機感を持つ教師たちがいた。彼らが心掛けたのは子どもたちの個性尊重、自発性の尊重であり、それは大正時代の自由主義教育の流れを汲むものであったが、昭和の全般的な危機的状況の中で、単なる自由主義教育の枠を越えたものになっていった。この生活綴方運動では、子どもの自我の成長と発達の過程を、「個性の尊重」と観念的に捉えるのではなく、子ども自身の「本音」を自己と生活の表現を通して認識させ評価させることに重きを置いた。その考え方は天皇制下の教育による国歌道徳の注入に対する激しい批判を持つものとなった。

　この教育運動は、本当の教育とは何か、教師の教育実践とは何かを問いかけるものであったが、それが生活綴方と結びついたのには理由がある。一つには、当時の公教育体制の下では修身以下の各教科が教科書と教師用指導書によって授業展開の細部に至るまで決められていたのに対して、綴方科にはなお自由な展開の余地があったことである。さらに、綴方は文章表現であるから、表現する子どもたちの意識と認識をくぐり抜けることを不可欠なことにしており、そこに生活と自己と表現とを結びつける契機が存在した。過酷な弾圧の時期に国民の自己形成としての教育実践のあり方を最大限追求していったのが、この生活綴方運動であった(4)。
当然、このような教育運動は政府の弾圧を受けることになる。生活綴方運動における弾圧を当時の教師だった佐々井秀緒は、次のように語っている。

「自分にはいつかこのことがあるかもしれぬ」と心に思い定め、読むもの書くもの、言動にも常に欠かさぬ注意を払うことも忘れる日はなかった。果たせるかな、それは一三年七ヶ月の歳月の流れの後に、現実の形となって到来したのである。「来るものが来た！」というもはや抜き差しならぬ事実に当面したとき、胸の疼くような不安と動揺を観ずるその下から「自分には官憲に兎や角いわれるようなものは何もないのだ」という自分なりの「確信」が湧き起こるのだ。しかしまた、「警察はいつの場合でも、被疑者を理解しようとはせず、いったんこうと決めたらあくまで自分の敷いた路線に乗せることしか考えないのだから、これは容易なことではない」という不安を超えた恐怖心が襲ってくるのをどうしようもなかったのである。こんなことを言うと、こうしたことに経験のない人は、何と臆病者よと思うであろうが、それは警察権力というものが、ややもすれば執拗で強引で独断的で過酷であることを知らないからだというべきであろう。

ことは一三年七ヶ月前に遡る。佐々井は夏期休暇で岐阜市の「新興綴方講習会」に出かけた。

この会の参加者は八百人を超え、会場の岐阜公会堂は階上階下が埋め尽くされた。この大会は開会当初から異常な空気を孕んでいた。会場には特高警察が潜入しているとの噂があった。実際、山形の教員が満州の汽車の話をして階級的差別の話をして盛り上がりを見せた時、突然聴衆の中から警官が「注意！」と叫んで発言をやめさせたりした。しかし三日間の講習会は、こうした特高による中断があったものの、参加してよかったと皆が感想を出し合った。

帰宅するまでは意気軒昂であったが、佐々井を待ち受けていたのは予想だにしない出来事であった。留守中に警官が家に来て、購読紙などについていろいろ聴取していったという。その時は「案ずることはない」と両親や妻にも言い聞かせた。だが、岐阜での講習会名簿が警察の手に渡り、「要鑑察者」のリストに載ったことを知った。

このことがあって一三年七ヶ月後の一九四一年四月の日曜日の早朝、前夜宿直勤務をした佐々井に電話があった。そして刑事が学校に来て所持品の検索が終わると、すぐにその足で自宅捜索に向かうことになった。令状には「結社並びに治安維持法違反容疑」とあった。その時には県警により他の二名を含めた三名が検挙されたが、佐々井だけに「結社」の容疑がかけられた。それは昭和七年五月に発表した童話作品と、研究機関誌『国・語・人』の主宰者を八年間務めたことによる容疑であった。

この事件は「教育人民戦線事件」と称され、国語、国字運動者、生活綴方関係者等に向けられた弾圧である。佐々井にかけられた容疑は生活綴方運動に関するもので、「貧困なる農民の子弟を、プロレタリア・リアリズムの方法による生活綴方を子どもに書かせることによって、封建制に対する反抗精神、階級意識の持ち主にし、これによってプロレタリア革命の同盟軍としての農民の意識を培養し、もってコミンテルン及び日本共産党の目的遂行に資する行いをした者」に該当する疑いがあるとしたものである。

生活綴方運動は「人間としてより良く生き、より良い生活を営むことによって、より良い社会人に成長するために綴方を書くこと」をねらいとしているが、権力はそれをプロレタリア革命に直結するものと決めつけたのである。佐々井の書いた童話作品は、すべてヒューマニズムとロマンチシズムに根を置いたものであるのに、特高的視点で曲解され、プロレタリア意識の高揚をはかる作品とのレッテルが貼られた。

この佐々井の事件は、任意出頭や手記の提出、「朝鮮人指導」の担当など無給で働かせられたことで留置もなく終わった。だが、綴方に対する弾圧は検挙者三百名に上り、留置や投獄にいたる者も少なくなかった。治安維持法の発令による弾圧が政治色を持たない者を巻き込んで幅広く行なわれたことを知らなければならない(5)。

次に上げる坂本亮は北海道綴方教育連盟事件で検挙された教員である。一九四〇年、釧路に住む坂本の自宅に数人の特高警察が踏み込んできた。検挙されてそのまま留置所に入れられ、書棚の本は手当たり次第押収された。

事件の発端は、前夜の町の小さなラジオ局で短歌朗詠をしたことであった。朗詠三首の中にこのようなものがあった。

「秋の稲田　はじめて吾が児にみせにつつ　吾れの眼に涙たまるも」

坂本は短歌の解説を担当した。日本人として稲作や稲穂に抱く深い民族的情感が示されているると話した。どうみてもその解説が反国体的であるとは思えなかった。だが、翌朝坂本は警察に連行され留置所に入れられた。生活綴方運動はアカの教師のたまり場であると警察は睨んでいた。坂本は留置所で、札幌から来た特高警部の佐藤から「坂本、お前が首魁だぞ、シラを切ることは許さん」と威嚇され、初めて愕然としたという。

釧路から札幌に移され、取り調べが続いた。坂本の家から押収された本は文学や文化に関わるものばかりで、共産主義等に関するものは全くなかった。取り調べでは、「共産主義について」という作文を書けと言われたが、書きようがない。そこで取調室にあった共産主義者の持っていた本を読んで、初めて共産主義なるものを学んだという。やがて釧路の検事局で審理されることになった。審理は予審に移されたが、ここでも無罪放免とはならなかった。

北海道綴方教育連盟事件の審理は、すべて特高や検事の色眼鏡をかけての操作であった。予審もその追従に過ぎず、ファシズムの流れが最高潮に高まっていた時代の産物であった。

坂本は長く留置所に留め置かれた。それまで世の流れに無関心で、教室の仕事に没頭していたうかつさを恥じたという(6)。

第4章　教育の戦争責任

1　教師たちの戦争責任の意識

一九四五年八月一五日、日本国民は天皇のラジオ放送を通じて、連合国軍に降伏したことを知らされた。「降伏」の報は庶民の間を衝撃となって駆け抜けた。広島・長崎の原爆、ソ連の参戦という状況でも、庶民の多くが神国日本には神風が吹き、戦争に勝利するとの期待があった。だが、天皇の玉音放送は、その淡い期待を吹き飛ばした。

「皇国教育」を積極的に推進した教師たちは、またその被害者となった子どもたちは、この敗戦をどう受け止めたのであろう。当時、群馬県高崎市の国民学校の代用教員であった永井健児は、このような記事を残している。

正午の重大放送を聞くべく郵便局へ行く。昨夜から今朝にかけての空襲で半焼した局の窓口は、もう人でいっぱい。電線が切れてラジオも聞けなくなった人たちが集まってきたためである。周囲の懐かしい街の姿は消え、焼け野原だ。猛烈な炎天の真下に、焼け残りのものがくすぶり、電線や赤さびたトタン板が散乱し、騒然たる光景。

今日の重大放送は、ソ連に対する宣戦布告であろう。また、本土決戦について鈴木首相の激励か。一刻千秋の思いで緊張して正午を待った。やがて正午が報じられ、「ただいまから重大放送を致します」と落ち着いた声とともに「君が代」が流れてきた。その後はひどく聞きとりにくい。玉音放送だそうだが、雑音が多く、なんだかはっきりしない。しかし、それが、ソ連対する宣戦や戦争完遂の激励ではなく、逆に、戦争終結の詔書らしいことがうすうすわかる。「降伏だ」という沈痛な声が人々の中から発せられた。

降伏、降伏

おれは耳を疑った。動悸が速まってくる。そして局員はただひとこと、「無条件降伏だ」と言った。やはり降伏……。おれは昨夜あたりから、何か夢でも見ているようだ。が、夢ではなく現実なのだ。すぐに家に帰る。途中の路上で、皆一団となって、沈んだ表情で話し合っている。ラジオはまだ話を続けている。家に帰って、ただひとこと「無条件降伏だ」と言った。皆沈みかえって話声もない。

夕方学校へ行く。停電で暗い。大勢の職員が来ており、炊事場の炉で焚火して湯をわかしている。宿直室の隅に積んである布団にもたれ、女の先生が泣いていた。黒く丸まった背中で炎の影がゆれ動く。口をきく者なく、おえつだけが聞こえてくる。

そう記した永井は、翌八月一六日にこのような述懐を認めている。
「おれたちの生きてきたいままでの道が、根底からくつがえされ、否定されてしまった。まるで生きる目的を失なったようである。自分に、また、子どもに、いかに立ち向かったらよいのであろうか」と。この代用教員の永井は当時まだ一七歳。

兵庫県立生野中学の青年教師・磯田雄は、次のように書いている。

「玉音放送」は、その人たちと一緒に聞いた。誰も言っていることだが、震え気味の含み声が、甚だ明瞭を欠く上に、雑音がひどいので、何を言っているか殆ど聞きとれなかったけれども、やっとおしまい頃になって、どうやら戦争をやめると言っているらしいことが解った。持って廻ったややこしい言いまわしに加えて、信屈聱牙な漢文調と来ているので、よほどハッキリ発音しない限り、あれでは雑音がなくても、すんなり頭に入らなかっただろう。まわりの人に、日本は降参したのだと教えると、女どもは一斉に声を放って泣いた。なさけないとかくやしいとか、口々に言っていたが、単純に日本が負けたことを悲しんでいるとは思えなかった。長年に亘って習慣づけられた紋切り型の思考と表現の形式から、一気に抜け出すことはできないながら、実は胸底に湧き上がる喜びを抑えることができなかったのではないか。古往今来、人間とは常にそういうものであろう。
さすがに男たちは泣かなかったが、その眼は心なしか、少し潤んで見えた。みんなが

「和田のおばさん」と呼んでいた七十いくつの老媼だけが、一座の秋嘆を尻目に、パチパチ手を叩いた。「おばさん、これから甘いお砂糖も食べられるようになりまっせ」。隣に座っていた男が弾んだ声でそう言った。正直な老女の拍手が、この男の本音を誘い出したのかもしれない(1)。

『ボクラ少国民』を書いた中山恒は、日本の敗戦を知ったときに旧友と激論したという。中山は、真に忠良なる臣民であるなら、天皇陛下にかつてない辱めを被らせる事態を招いたことに対して死を以て責任を取るべきで、自分はそうすると主張した。敗戦を天皇に対する責任として受け止め、自決を決意する少年。ここまで皇民教育が徹底されていたことを示している。

一方、「皇国教師」たちの自己変革は、外からの働きかけを待たなければならなかった。だが、「一億総懺悔」の合い言葉に、各人の戦争責任は追及されないままで終わったのではないか。教師個人が戦争責任の前に立つことが起こらなかった背景に何があったのだろうか。

敗戦の年一九四五年一二月、焼け残った千代田区の教育会館に全国から数百人の教師たちが集まった。その中には戦前・戦中に政府から弾圧を受けていた人々もいた。全日本教員組合結成大会が行なわれた。この大会のアピール文によって、敗戦をどのように受け止めていたが分かる。一部を紹介する。

満州事変以来十数年間誤った指導者達によって捲き起こされた戦争は惨憺たる結末をつげた。吾々日本人の前には唯荒れ果てた農村と焼尽した都市が横たわり、飢えと寒さが目前に迫っている。このような事態を前にして吾々教職員はどうしたらよいのであろうか。かくの如き破局的な事態は一体何処から来たものであろうか。吾々一人一人は高い理想と児童への燃える愛情とを抱いて職に就いた筈であった。それなのにどうしてかういうことになったなったのであらうか。……吾々は卑屈な心を養って半封建制と軍国主義を押し付け、吾々と教え子をこんな不幸に追い込んでしまったのだ。だがこのような問題は今始まったことではない。吾々は戦争前から生活に追われ、軍国的封建的弾圧によって盲従を強いられてきたのだ。……かくして吾々は全国的単一組織を教員自身の手による組合によって実現し、その組織の力としての教育の理想を貫く礎石たらしめようとするものである。

このアピールは前後民主主義教育の担い手たらんとする気概は見て取れるが、つい半年前まで自らが軍国主義教育の担い手、加担者であったことに対する厳しい内省や懺悔の念が見えてこない。あくまでも責任は政府政治家によるものであり、自分たちはそれに従わざるを得なかったという言い訳である。

敗戦の年に作られた「死せる教え子よ」という高知県の教師竹本源治の詩がある。

逝いて帰らぬ教え子よ
私の手は血まみれだ！
君を縊ったその綱の
端を私も持っていた
しかも人の子の師の名において、嗚呼！
「お互いにだまされていた」の言訳が
なんでできよう
慚愧、悔恨、懺悔を重ねても
それがなんの償いになろう
逝った君はもう還らない
今ぞ私は汚濁の手をすすぎ
涙払って君の墓標に誓う
「繰り返さぬぞ絶対に」[2]

この竹本源治と同じような悲壮な思いを抱いた教師は、当時それほど多くはなかった。戦後のインフレと食糧難の時代がそうさせたという意見もある。だが、教師は戦時中の教育によって、子どもたちを痛めつけ心に深い傷を持たせたことに心底からは悔いてはいないように思える。なぜなら、「自分たちもだまされた被害者だ」という意識が強かったからである。戦時中に国に逆らって抵抗を試みた教師もいた。だが大半の教師たちは、結局、戦争反対を叫ぶ勇気を持たなかった。それを戦後になって、自分を戦争犯罪者として認めることなどできなかったのだ。

敗戦後の学校で子どもたちから「先生は嘘つきだ」と突き上げられた教師は多い。日本は神の国で神風が吹くから負けることはないと言い続けてきた教師たち。それが敗戦という悲惨な結果を迎えて、自分が間違っていたとは言えない教師たち。しかし、自身の戦争責任を追及する者はいなかった。なぜなら、自分たちは政府や指導者に騙されたのだと考えることによって責任逃れをしたからだ。

同時に天皇制ファシズムへの追及を不徹底な形で終わらせようとする政府の試みの背後には、「国体維持」に明け暮れていた側の強い意図があった。天皇の戦争責任を免れる術を探り、それによって国民全体の戦争責任をなかったことにしようと考える人たちがいた。世の中全体に戦争責任を問わない雰囲気が存在した。だからこそ、最も責任を感じるべき立場の教師もほとんど自責の念のない状況であった。

少し敗戦後の歴史をひもといてみる。一九四六年一月元旦、「新日本建設に関する詔書」が出された。いわゆる天皇の「人間宣言」である。一月四日時の前田多門文部大臣は訓令の形で、「……衷心恐懼に堪へず、洪大なる聖慮に感じて忠誠を効さんとする念愈々切なるものあり……」と教師たちにその思いを伝えた。敗戦を迎え、天皇は神ではなく人間であると宣言したにもかかわらず、天皇への忠誠を教師たちに求めたのである。為政者たちは日本の根本的な改革を考えようともしなかった。

日本の改革はGHQの先導に委ねられた。一月九日、GHQは文部省に対して、近く訪日するアメリカ教育使節団のために、教育家委員会を設置し報告書を提出するように求めた。そこに記された最初のものは「教育勅語」に関する意見であった。そこにはこう記されている。

> 従来の教育勅語は天地の公道を示されしものとして決して誤りにあらざるとも、時勢の推移につれ国民今後の指針たるに適せざるものにつき、更めて平和主義による新日本の建設の根幹となるべく国民教育の新方針並びに国民の精神生活の新方向を明示したもう如き詔書を賜り度きこと(3)。

この文では教育勅語そのものが誤りであったという踏み込んだ懺悔の念は一片もない。ただ、時勢の推移によって問題が起きたと記している。日本の教育が教育勅語によって壊滅的な状況に置かれ、学校の子どもたちも巻き込んで戦争への道を突き進ませた責任者としての自覚やそこから生ずる悔恨の情は、全く見て取れない。

このアメリカ教育使節団を迎えた日本の文部省の役人とは別に、当時の教員組合の全国組織であった「全日本教員組合」は、羽仁五郎・説子夫妻をはじめとして五人の中央委員が「人民のための教育」という報告書を持参して、使節団の代表と会見している。その報告書の冒頭には次のように書かれている。

教員と生徒の窮乏と飢餓状態、それは日本帝国文部省の指導した帝国主義戦争、過去のあらゆる誤れる教育の結果であり、現に日本の教育を崩壊させ、飢える子ども、盗みする子どもを出して居るにもかかわらず、文部省は何らの対策もとらず、勅語を強制している。

アメリカ教育使節団は、文部省だけでなく、アメリカによる教育改革を期待していた組合にも丁寧に対応した。だが、組合側が出した報告書には、「労働戦線統一」や「民主人民政府の確立」等の教育団体として相応しいとは思えないものが少なくなく、教員組合として具体的な改革案の提出には至らなかった。特に、戦時中の教育へ教師自らが積極的に関わり、悲惨な敗戦を迎えた結末に対して、教師としての反省や懺悔が見られず、時の政府の方針に従っただけという弁明と自己保身がそこかしこに見て取れる。組合でさえそのような意識であるのだから、一般教師が戦争責任をどう捉えていたのかは推して知るべしであろう。

アメリカ教育使節団報告書はGHQのマッカーサー元帥に提出された。その序論で教育のあり方を明確に述べている。

教師の最善の能力は、自由の空気の中においてのみ十分に現わされる。この空気をつくり出すことが行政の仕事なのであって、その反対の空気を作ることではない。子どもの持つ測り知れない資質は、自由主義という日光の下においてのみ豊かな実を結ぶものである。この自由主義の光を与えることが教師の仕事なのであって、その反対のものを与えることではない。我々はあくまで、我々が苦心して考え出してきたことだけを、日本に勧めたいと思う。どれだけのことが禁じられるかということよりは、むしろどれだけのことが許されるかということを知るのが、当事者すべての責任である。これが自由主義の意味である。この精神のあるところには、民主主義が既に根を下ろしているのであって、代議政治となるのには、ただ時と根気強さだけが必要なのである。

さらに、第三章の初等及び中等教育の教育行政の基本的変更として、次のように述べている。

教育勅語を儀式に用いること、御真影に敬礼するならわしは、過去においては生徒の思想感情を統制する力強い方法であって、好戦的国家主義の目的に適っていた。かような慣例は停止されなくてはならぬ。かような手段の使用に関係ある儀式は、人格の向上に不適当で、民主主義的日本の学校教育に反するものと我々は考える。

ここでは天皇制国家主義教育のあり方が強く否定されている。

アメリカ教育使節団の報告書は、文部省の役人たちをまず震撼させたが、一方教員組合の教師たちは歓迎した。一九四六年四月一一日の『時事新報』には次のような記事がある。

日本があの無謀な戦争を始めて此惨憺たる大敗を喫し、現に見るやうな哀れな国情に陥った其原因が、軍人をして政治を襲断せしめたことに在ったのは、更めて云うまでもない所であるが、更に其間接の諸原因の中で、第一に挙げねばならぬのは、神秘なる国体論と固陋なる日本精神主義を根幹とした文部省伝統の教育主義である。世界に冠たる国体だとか、世界に比類なき大和魂だとか、全く世界を知らぬ独善の偏狭思想を教育の大方針として青少年に吹き込んだのは、明治以来の文部省であった。所謂帝国主義の素地を作ったのは、此文部省伝統の国民教育に外ならない。だから日本が民主主義的に、平和主義的に再建せられるが為には、一日も速やかに此日本から誤った教育思想を、根底から一掃せねばならぬことほど明確な真理はないのである。

その故に文部省の廃止が求められると主張した。

このアメリカ教育使節団の報告書を読んだ東京港区の愛高国民学校教師だった金沢嘉市は、

感想を次のように述べている。

ザラ紙にガリ版刷りにされて学校に回ってきたのを読んだ。私は敗戦で教師としての責任の深さに思い悩み、もう教師を続けていく自信をなくしていた。その私を力づけたのが、前後して発表された新憲法草案とこの報告書だった。これならやっていける、と思った。新憲法精神を基にした教育こそ私が望んでいたもので、私に新たな決意が生まれた。

「教師の戦争責任」を考える時、まず思うことは、敗戦後に教師自身が重苦しい軍国教育から解放されたという安堵感があったという点である。教師として軍国主義を子どもたちに教え込み、そして戦場へ教え子たちを送った罪責感があったと考える。だが、その一方で、本当は戦時中の高揚感の中で、教え子を戦地に送ることを教師の誇りと考えた教師もいたのではないか。お国のために働くという意識は、教師にとって教え子を兵隊に育てることである。だから教師の戦争責任の自覚がすべての教師の心にあったかどうかは疑問である。

様々な資料の中で、戦後の教師たちが戦争責任について語るのを聞くたびに、自身の解放感が先立っていると感じられてしまう。そして当時は何も抵抗などしなかった教師たちの中で、自分一人がそれを問われることはないと高をくくっているのではないか。教師は誰も抵抗や反対の意思表示などできなかった、みんな同じで、自分だけ抵抗しなかったことで裁かれることはないと考えたのではないのか。

そして新時代に自由主義教育、民主主義教育がやってきた。これこそ自分たちが待ち望んでいたものだとすり寄っていく。どこに戦争反対をしなかった反省があるのか。教え子たちを戦場に送った懺悔があるのか。組合の語る戦争責任にも、自分たちが被害者であり、為政者の犠牲であったという自己憐憫が見える。だからアメリカの教育使節団の考え方にすぐに賛同する。これこそ自分たちが戦時中から考えていた教育だと結論を出していく。むしろ、教師の戦争責任を問わない安易な受け止めではなかったか。

従来の日本人の考え方は、「右にならえ」である。自分一人が突出した言動を取ることをしないで、周囲の人々に合わせるという行動パターンである。「世間体」や「恥の文化」についてはよく知られている。個人の考えではなく、世の中の考えに添うようにする。それが日本人の思考パターンである。ここからは、個人の戦争責任は生まれてこない。

プロテスタントの神学者K・バルトは、『キリスト教倫理』の中で戦争の個人責任についてこのように語っている。

戦争は起こってはならないことである。戦争を何か自然的なことのように見てきたのではないか。……最後に個人の責任と決断ついての問題である。戦争は国家の行動であるが、キリスト教的に考えれば、国家は個人にとってよそよそしい、何か高いところにあって権力を持ち、個々人を支配し、決定する実体のようなものではない。個々人は国家の法秩序によって囲まれ、それに従い、それによって守られ、またそれに対して義務を持っているが、そのことによって彼らの側からも国家を担い、保持しているのである。ルイ一四世の有名な言葉〈朕は国家なり〉は次のように言い換えられる。すなわち、各人はそのいる場所において、その機能を果たしながら、自ら国家なのである、と。まさに国家は、個々人の責任にかかってくるのである。戦争の場合も同じでことである。果たして戦争をして良いのだろうか、しなくてはいけないのだろうか。このような問いが国家に向けられるとすれば、それはほぼ同じ重さで個人にも向けられるのである。

……キリスト教倫理のなしうる最も重大な貢献は、この問題を一般の政治的、道徳的な論議から引きずり出して、個人的な問題に置き換えるという点にある。あなたは今までこの問題において、何をしてきたか。また何をさせてきたか。あなたは今何をし、何をさせているか。そしてあなたは将来、この問題について何をしようと思い、また何をさせようと思っているか。(4)

バルトは、戦争責任は国家にのみ求められるものではなく、その国家を国家たらしめている個々人に責任があると明確に述べている。個々人に問われている戦争の是非にあなたはどう関わったのか、何をしたのか、何をしなかったのかが問われているという。

戦争責任が日本ではいつも曖昧にされるのは、国がやったことだから、政治家のやったことだから仕方がないと、自分の主体的な関わりを決して見ようとしないからである。最後には、いや最初から自分たちは国や政治家のやったことの被害者であるとの逃げがある。人間仲間の水平的関係を切り裂く垂直的地平を持たない日本人の主体性の希薄さが浮かび上がってくる。敗戦後に教師たちは己の戦争責任に本気で向き合ったのだろうか。戦場に送って石ころの入った骨壺を抱いて泣き悲しむ家族を見て、その罪の重さを心から感じ取ったのだろうか。罪への悔恨はどんなものだったのだろうか。

旧約聖書の詩篇五一篇にはこう記されている。

ああ神よ、願わくは汝のいつくしみによりて、我をあわれみ、
汝の憐れみの多きによりて、わがもろもろの咎を消したまえ。
わが不義をことごとく洗い去り、
我をわが罪よりきよめたまえ。
我はわが咎を知る、
わが罪はつねにわが前にあり。
我は汝にむかいて、ただ汝に罪を犯し、
みまえに悪しきことを行なえり。……

なんじヒソプをもて我をきよめたまえ、
さらばわれ雪よりも白からん。……
神の求めたもう供え物は砕けたる魂なり、
神よ、汝は砕けたる悔いし心を軽しめたもうまじ。

すべてをご存じである神の前に求められるものは、罪を心から認める悔恨であり、その悔恨を起こさせる砕けた魂であると聖書は語る。そのような激しい悔い改めの念が敗戦後の教師の心にあったであろうか。

2 新聞の投書欄より

毎年八月になると各新聞は戦争についての特集を組む。読者の投書も戦時下を回顧したものが多くなる。その中で当時教師であった人たちの投書があり、その内容に反発や同情を示す人たちがいる。投書には当時は大変な時期であったという一般論に終始して、自分が教師として天皇制ファシズムを子どもたちに無理矢理押しつけてきたことを反省や懺悔することなく、子どもも教師もともに生きるために必死であったというような論調で語られることが多い。つまり、教師自身が戦争加担者だったと自覚することなく、その時代に教師であったことを曖昧にしたまま現在に至っていることをどう考えるのかの視点がない。

少し古い資料になるが、このような元教師の投書がある。

三十年ぶりで、教え子たちの同級会が開かれるので出席していただきたいという意味の招待状が届いた。涙が出るほどうれしくて、今すぐにでも飛んでいきたい気持ちであったが、辞退の手紙を出した。なぜせっかくの招待を断ったかというとあの時小学生だったこの子どもたちの担任だった私は、だれにも負けず熱心に軍国主義教育をやったからである。戦争に負けた時、責任を自分なりに感じて教員を辞めようと思い詰めながら、ついにそれさえも実行できなかったこのおれが、いまさら何の面下げて「恩師でございい」と彼らの前に出られようか。過ちを犯した教育に「時効」はないと思う。それにしても、他の友達の元教員は、嬉々として参加し、ごく自然に楽しく振る舞ってみやげ話などをしているが、余程自信のある教育をしたのだろう。ああ、またいやな敗戦記念日がやって来る。絶望に髪をかきむしった日が……(一九六七年八月、読売新聞投書欄より)

元教師の投書から、頑固なまでに戦時下の己の罪科を告白し続ける姿勢の激しさが伝わってくる。だが数日後、その投書に対して反論の投書が寄せられた。

軍国主義教育をした自責の念から、三十年ぶりの同級会を欠席したという元教員の「過ちを犯した教育に時効はない」という投書に胸が痛みました。私も正にその一人だったからです。生徒と共に歴代天皇名を斉唱中、放送を聞くようにとの紙片が回ってきて、歴史の授業を終えるや玉音を聞きましたが、戻ってきたクラスで、まだ「百万人といえども我行かん」と女だてらに息巻いてしまったのです。今考えればとても恥ずかしく思いますが、しかし、あの当時の行為をだれが責め続けられるでしょうか。かえってそのような教育者の方が熱心に子どもたちを導いていたのではないでしょうか。私も間もなく自我に目覚めて、悔恨と共に真の意義を知り、教職から身を引きましたが、同窓会の招待があればできる限り出席しています。教え子たちにわびる機会でもあり、国家と個人とを考える良い機会ともなるからです。こんなことから、より平和に対する認識を深め、より社会に貢献しようと自覚し、励まし合えるからです。いつまでも教師を責める教え子は一人だっていません。気持ちの転換はなかなかできないのは分かりますが、どうぞ識者や市井の声を糧として納得し、教え子たちが失望しないようにお姿を見せてあげてください。今こそ、教え子たちから教わる謙虚な気持ちで参加してほしいのです(5)。

元女性教師からの反論であるが、「あの当時の行為をだれが責め続けられでしょうか」や、「かえってそのような教育者の方が熱心に子どもたちを導いたのではないでしょうか」には、戦争に加担した自責の念が全くない。あの戦時中の教育が犯罪的な教育ではなかったという居直りにも見えてくる。子どもたちの側には当時の教師たちに対しての怒りや悲しみなど全く持っていないというその認識が、恐ろしく思えてくる。

当時の資料によれば、戦時中の子どもたちへの非人道的な対応が数え切れないほどあったことが知られている。子どもへの虐待はこんな形であった。

国民学校初等科一年生になったばかりの少女の防空頭巾が少し曲がってといるだけの理由で、一週間も腫れが引かないビンタを張った教師、他の学級ではやらないのに真冬に上半身裸にして町内一周のマラソンを毎日やらせた教師。奉安殿への最敬礼が粗略であると殴り蹴る教師。授業中にポケットに手を入れたという理由で用水桶の氷を割って、その中に手を突っ込ませた教師。

人間扱いしなかったこんな体罰教師、虐待教師の例は掃いて捨てるほどある。このような体罰教師、虐待教師に怯えながら唯々諾々と従わざるを得なかった子どもたちは、心と体に深い傷を負ったはずだ。教師たちをそう簡単に許すことはできない。それなのに、教師を責め続ける教え子はいないと言い切る元教師の倫理観の欠落を、私たちはどう考えたらよいのか。当時、子どもたちは教師たちにものが言えなかった。文句など言ったらどうなるか、絶対服従の教育の中に子どもたちはいたのだ。

いつでも天皇陛下のために死ねる国民を作る。それが戦時中の教育であった。いわば「死に至らしめる」教育であった。これは理屈ではなく、命令だったのだ。だからこそ教師は暴力を日常的に行使して、恐怖の念を子どもたちの心に植え付けたのだ。みんながやっていたから許されることではない。決して許されることではない。

戦後七八年経った二〇二三年一〇月一四日、朝日新聞投書欄に次のような投書が載った。「愛国教育　洗脳の恐ろしさ」と題する一三歳の中学生のものである。

今ロシアの学校では「愛国教育」が行なわれているといいます。愛国教育とは一見、国を愛することを教えるとも受け取れます。しかし、その実態はいわゆる「洗脳」です。具体的には歴史教科書の中でのウクライナ侵略の正当化、射撃をはじめとした武器の使い方などの軍事教育などがあります。中でも僕が最も恐ろしいと感じたのは、ロシアでは国家のために死ぬことができる者が英雄だと教育されるということです。子どもたちがそう思い込んでしまっているとしたら、恐ろしいことです。

そこで疑問が出てきました。はたして「洗脳」が行なわれているのはロシアだけなのか。日本では本当にないのか。僕が定義する「洗脳」とは、誰かにとって都合の良い意見を通すための一方的な見方を人々の思考に植え付けることです。一方的な見方ではなく様々な見方から何が事実なのか、正しいのかを見極めていきたいと思います。

一三歳の中学生の投書であるが、事柄の本質をよくわきまえていると思う。「洗脳」はロシアだけでなく、世界の至る所で、日本でも起こっている。都合の悪い事実を決して認めず、自国の正しさだけを主張することによって、かつて侵略し植民地として支配した隣国との関係改善に取り組まない政治家に聞かせたい言葉ではないか。

その投書欄の下に、「『九段の母』を歌って育った私」と題した八六歳の女性の投書があった。

国民学校四年生で敗戦を迎えました。それまでに歌っていたと思い浮かぶのは、童謡ではなく軍歌と戦争賛美の歌ばかりです。歌詞はうろ覚えながらも今でも三〇曲は歌えます。最も心に刺さるのは「九段の母」です。「空を突くよな大鳥居、こんな立派なお社に、神とまつられもったいなさよ、母は泣けます嬉しさに」。小学校の年齢でこんな歌を歌って育ったのです。

終戦後は一転、教科書の不都合な部分を黒塗りしました。いきなり学校で習ったのが「民主主義の歌」です。「皆が自由になることは、すべてが伸びゆくことなのだ」という歌詞をおぼろげに記憶しています。

担任の先生は従来のまま、戦争を謳歌していた同じ人がにこやかに冗談まで言う人になりました。こんな大転換が、何の説明も受けずに事もなげに起こりました。子どもなりに考えることができる年頃です。すべてが無責任のまま終わってしまったのは残念です。

敗戦によって価値観の大転換が起こったにもかかわらず、一言の説明もなく平然と前に進み出す教師に、唖然とする子どもたちが大勢いたことであろう。戦争を鼓舞しすべてを国に、天皇に捧げて生きよと教えた教師たちの無責任さは決して許されることではない。だから今を生きる教師たちは過去を反省して、反戦の旗を掲げなければならない。「仕方なかった」では済まされないのだ。

3　欲しがりません勝つまでは

一九四一年一二月八日に勃発した太平洋戦争は、緒戦は華々しい戦果をあげて国民を熱狂させたが、翌四二年半ばにして膠着状態となり、さらに秋には攻守所を変えるという重大局面を迎えた。その四二年一一月の新聞の片隅に、「大東亜戦争一周年・国民決意の標語募集」の広告が掲載された。次のような一〇点の標語が入選した。

さあ二年目も勝ち抜くぞ

たった今！　笑って散った友もある

ここも戦場だ
すべてを戦争へ
今日も決戦明日も決戦
欲しがりません勝つまでは

この最後の標語は国民学校五年生の作である。この標語は児童向け雑誌に掲載され、政府広報誌にも載るなど、たちまち戦時下の子どもたちの座右の銘となる。これに歌がつき、ラジオにのって日本全国に流された。

どんな短い　　鉛筆も
どんな小さな　紙片も
無駄にしないで　使います
さうです　　僕たち私たち
欲しがりません　勝つまでは
北に南に　　次々に
あがる日の丸　勝ち鬨に
負けず劣らず　進みます

さうです　　日本の子どもなら
欲しがりません　勝つまでは(6)

この歌が放送に流れた頃は、戦況は日に日に敗戦に向かって絶望的な状況になっていた。この歌は国民合唱となり、ヒステリックにエスカレートして、子どもたちに「天皇陛下の御為に死ねと教えた父母の」と歌わせるようになり、あらゆる物資が不足する中で子どもたちを「より良き皇国民」にするために、子どもたちに我慢を強要した。

戦争指導者たちにとって「欲しがりません　勝つまでは」は、すべてを戦争のために動員する上で最も適した標語であったのだろう。

実はこの標語には裏話がある。作者は小学校五年生の少女であると言われているが、実際に作ったのは彼女の父親であった。父親は演劇の脚本を書く人であり、子どもの名前で応募したという。結局、最後までそれを言うことができず、大政翼賛会から表彰された。以来、少女は標語の作者として有名になったという。戦争を鼓舞したものとして知らない者のないこの標語は、子どもを利用して国民の窮乏を強いたのだ。作者とされた女子生徒もまた、窮乏生活を強いられた「皇国民少女」であった。

4　国民学校日本一の健康優良児

一九四一年四月、それまで「尋常小学校」と呼ばれていた初等教育学校は、新たに「国民学校」となった。この年の一二月八日、日本は太平洋戦争に突入する。国民学校は教育における総力戦態勢強化を図ったもので、それは同盟国ドイツの「Volksschule（フォルクスシューレ）」を模したものであった。文部省は「国民学校制度実施に関する訓令」の中で、「皇国民の錬成を主眼としたること」について次のように述べている。

わが国の教育は、教育に関する勅語の聖旨を奉戴し、皇国の道に則りて国民を錬成し、皇運を無窮に扶翼し奉るを以て本義とす。……単なる個人の発展完成を以て教育目的とせるものなきに非ず。

要約すれば、日本の教育は明治天皇の「教育勅語」の趣旨を受けて、世界に天皇の威光をあまねく知らしむるという「皇国の道」を基本として、その天皇に仕える国民の育成を教育の本来の意義としてきた。だが、外国の思想・文化の影響でその徹底が不十分となり、個人の尊厳が尊ばれる教育を日の当たりにして、日本的教育の本来の意義を周知・徹底する必要が生じてきた。大国民の資質を培い、「忠良なる皇国民の錬成」を主眼とする教育目的を掲げたのである。

そのため、すべての教科が狂信的な皇国史観と軍国主義に彩られることになる。例えば音楽の教科書二年生「うたのほん」には次のような歌が載っている。

日本

一　日本　よい国
きよい国
世界に一つの
神のくに

二　日本　よい国
強い国
世界にかがやく
えらい国

国民学校教育の中では、特に「体錬科」が重視される。鍛えられた精神とそれを支える優れた体力が要求された。国民学校体錬科の教育は、このように述べられている。

教育勅語の中に「いったん緩急あれば義勇公に奉し」と仰せられてある。これこそ皇国の道を実現する為に我々日本人の常に心掛く可き信条である。現に今回の志那事変に於いても皇軍の勇士は一身一家を忘れて、大君の御馬前に万歳を叫んで大陸の山野に屍を曝しているのである。かかる実践力を培う上に、体錬科は又誠にその教科の性質上重要な役割をなしている。

つまり、体錬科の目的は「天皇陛下万歳！」を叫んで死ねる実践力を培う教科だというのだ。男子には体位・体力の優れた兵士や産業戦士になるため、また女子には健康な子どもを産む母親になるための心身鍛練が求められた。

当時の日本人は「体躯矮小」であることが民族的特徴であった。平均寿命も男子四四・八歳、女子四六・五歳で、西洋諸国と比して一〇年以上短かった。この数字は食生活や医療事情もあるが、特に結核による死亡率の高さが顕著であったためである。

志那事変の四年間での戦死者は一〇万余だが、その四年間に結核で亡くなった若者は三〇万人もいたという。そうした事情もあり、国民学校の体錬科の授業は体位・体格の向上はもちろんであるが、戦意の高揚・結核予防のめの健康管理も重大な課題となっていた。

この時代に生まれたのが朝日新聞が主催する「全国健康優良児表彰会」である。国民学校制度になってから最初の、そして通算第一二回目の時のことである。当時の大日本帝国の版図（朝鮮、台湾、千島、樺太、中国の関東州、満州等含む）五三地方に所在する国民学校単位でその選抜が行なわれた。国民学校男女一名ずつを校長が推薦し、地方審査会に申告する。この時点でこの年の申告児童総数は、三万三一一人であった。そこから中央審査会で各男女一五名を選出し、最終的に男女各一名が日本一の健康優良児に選ばれて表彰される。その時の日本一の健康優良児は、「日本一の桃太郎」と多くの人たちから呼ばれた。その日本一の桃太郎は、単に身体検査（身長・体重・胸囲等）が平均を遙かに上回るだけでなく、体力測定（走力・跳力・投力等）も抜群であり、その上学業成績も操行も最高点を取るという児童であった。

日本一の健康優良児となった「桃太郎」は、神奈川県平塚市の少年であった。彼の受賞を記念して作られた等身大の人形が母校に寄贈されたという。学校の教師たちは次の日本一を目指して、体錬にいっそう励むようになったに違いない。当の本人は、海軍予科兵学校に入学したが、間もなく敗戦となった。日本一の桃太郎が、軍人を目指したのは容易に想像できる。国民学校の児童の模範として生きることが周囲からも暗黙に求められたのであろう。彼は後に商社マンになった。自分が日本経済を支えているという自負が垣間見られる発言をしている。軍人から商社マンへの転身は、企業戦士への変わり身である。「皇国臣民の錬成」に何の疑問もなかった日本一の桃太郎は、ある意味で理想の皇民となったのであろう(7)。当然のごとく女子の健康優良児についての記述は全くない。

さて、ここから筆者自身について語る。筆者は昭和二三年生まれである。父親は海軍の軍人で、戦艦長門に乗っていたために命を永らえ、私が生まれた。戦争への批判もあって、私の名前を「文治」と付けた。武断政治に対する文治政治から取られ、政治を軍人が司ることへの批判が込められている。だが、「反戦」の意味がある名前を付けられた私は、決してだれとも喧嘩をしない大人しい少年ではなかった。

私は一歳の時に健康優良児として表彰を受けた。長野県下伊那郡下で行なわれたもので、その年郡下で一〇人の児童が選ばれ、表彰を受けた。当時の写真が残っているが、まだ幼い赤子がそれぞれ母親に抱かれて座って写っている。まだ若かった母が少し誇らしげな様子を見せている。だが、その健康優良児はその後どうなったのか。

予定日を二週間も遅れて生まれてきた私は、体躯は大柄でやや肥満気味だったが、小学校入学前に小児結核に罹った。病院通いと安静の日々が続いた。親はその様子を見て小学校入学を諦めて、一年遅らせようと決意した。だが結局それは可哀想だということや体調が戻りつつあったこともあり、私は予定どおり小学校に入学した。だが、病弱な体はそのままで学校をしばしば休み、体育の授業には参加できなかった。担任はその様子を見て、体育の授業は図書館で本を読んでいるようにと私に優しく接してくれた。そのおかげで読書好きの少年になっていった。だが、学齢期の私を苦しめたのは病弱な体質だけではなかった。

体力が回復して、体育の授業が許可されるようになった四年生の頃、私は身体検査を嫌悪するようになった。それは皆の見ている前で行う「色覚検査」があったからである。それはたくさんの色の点が配置された図から数字を読み取る検査であった。私は数字を読み取ることができなかった。一度「色覚異常」がついた子どもに、身体検査の度に毎回「色覚異常」が宣告される。周囲の子どもたちには、「どうして読めないの?」と言われ、「何だ、色が分からないのか」と馬鹿にされる。負けん気の強い私はそれが我慢できなかった。病弱者に与えられた特権と思われた「体育の授業の免除と図書館での読書」を快く思わない周囲の者は、この時とばかりに私の弱点を突いてあからさまに馬鹿にした。私は身体検査で「学校用石原式色覚異常検査表」を見るのが苦痛になった。

日本の学校で身体検査が実施されたのは、一八九七年の「学生生徒身体検査規定」であり、学童保健の重視がその理由である。当時、結核や脚気などの疾病が児童間に蔓延することを恐れた政府が、健康な身体を持った児童の育成のために設置した条文であった。

それは、健康な児童を身体頑健な大人に成長させ、強い兵士や労働者に育成するという、当時の富国強兵政策の一環であった。この色覚異常の検査が、何のために用いられたかが見えてくる。

健康優良児として表彰されて新聞にも載った私は、小児結核を病み、色覚異常のレッテルを貼られ、さらに言語障害（吃音）も併せ持つ、虚弱で劣等感の強い人間となっていた。吃音は人前で話すことを苦手な少年に育てた。体育の授業に参加できないことは読書好きの人間を作りあげたが、みんなと一緒に運動できないことが辛く、いつか健康な身体を持つ人間になりたいと思い続けた。劣等意識は負けてたまるかという闘争心を育てた。高校で柔道を選んだのも、強くなりたいという思いからであった。

健康優良児日本一の桃太郎少年は、戦時中に受けた教育を疑問視することなく、長じて商社に就職し、企業戦士として生きてきた。一方私は日本一の桃太郎とはあまりに違う健康優良児からの転落であった。だが、そのことが私の職業選択の道を決定する大きな要因となった。障害児教育は偶然に選んだものではなく、病弱で何事にも自信のなかった私にとって、運命的な出会いであった。

高校を卒業して進学先に選んだのは法学部である。法律を学び弁護士になりたいと強く思うようになったのは、高校時代に読んだ島崎藤村の『破戒』の影響であった。新平民から身を起こした教師が、その出自を隠すことができなくなり、子どもたちの前で自らを卑しい者であることを告白し、子どもたちに土下座して詫びるという場面が出てくる。私はこんな差別が許されるはずがないと憤慨した。その時から差別に苦しむ人たちの弁護士になろうと決心した。

小説に感動しただけではなかった。『破戒』に登場する「瀬川丑松」のモデルが何と私の近くに実在していたことが分かった。大江磯吉である。彼は私の生まれた村に住み、車で二〇分くらいのところに彼の生家があった。彼の卒業した旧制飯田中学校は、戦後新制高校となり飯田高等学校となった。私の母校である。同じ村の出身で、高校の先輩後輩の関係になる。

私が弁護士になろうとして法学部に入学したのはそのような背景がある。だが、私の学生時代は全共闘の時代、大学紛争の真っ最中であり、いつしか弁護士になろうという思いはなくなり、哲学や宗教に傾倒する学生時代となった。

大学を卒業して外資系の石油会社に就職し、輸入課に配属され、原油の輸入やタンカーの傭船・配船の仕事に就いた。だが、それは生涯の職業とは思えず、三年で辞表を出して再び大学生になった。キリスト教神学を学びたいと思ったからである。大学卒業後、川崎市の中学校の社会科教師となり、またキリスト教会の伝道師となった。

中学校の社会科の教師からすぐに障害児学級担任になった。私は最もなりたい職業に就いたのだ。同時に、川崎南部にある桜本教会の伝道師になった。公務員となった者は副業を持つことが禁じられている。私は教育委員会に訊ねたが、収入がなければよいとの返事であった。路上生活者や障害者、貧しい外国人の教会では一人の牧師を招聘することすらままならず、伝道師に謝儀を払う余裕はなかった。むしろ、路上生活者支援のために多くの献金を必要としていた。

こうして私は障害児教育の教師であると同時に路上生活者をはじめとする生きる上で大きな困難を抱えた人たちと共に生きるキリスト教会の伝道師として生きることになった。この二つの生き方を一人の人間が負うことができたのは、苦しむ者、社会で差別される側にいる人々と生きるという共通項の存在である。障害を神学的に理解すると同時に、路上生活者を障害児教育の観点から見る、という複眼的視点が与えられた。

それはまた私が中学校の通常学級担任と障害児教育学級担任を経験したことと重なり合う。養護学校で生きてきた教師には、障害児教育が通常の教育から差別され軽視されているという自覚はほとんどない。また、通常の教育改革を視野に入れた障害児教育のあり方を模索する視点は生まれない。さらに、高等学校しか知らない教師は、高校の教員が小・中学校より専門性が高く、生活指導・進路指導も大変さを抱えていると思い込む傾向が強い。人は置かれた環境や経験で物事を考える。そういう意味では、現在動き出している異校種間交流は、教員の複眼的視点を培うことに貢献するだろう。

日本一ではないが健康優良児だった私は、小児結核と色覚異常、そして吃音という原体験によって劣等感にさいなまれるひ弱な少年になったが、長じて障害児教育の教師として生きてきた。障害や差別に苦しむ子どもたちに寄り添いたいと願う教師は、国の強制的な日の丸・君が代にも反発した。いきおい戦時中の教育の異常さや残忍さに言及することにも繋がった。また、同時に、社会の底辺に押し込められている路上生活者や外国人たちと教会生活を共にするキリスト教会の伝道師・牧師として生きることを可能にした。

私の古い友人である曹洞宗の寺の住職は、手紙の中で私のことをこのように表現した。「私はかねがね皆さんに『人は偶然に生まれない。自分がしたいこと、しなければならないことがあって生まれて来る』と申上げていますが、それで申上げるならば、先生は障害児やホームレスなどの社会の底辺に追い込まれ差別されがちな人々と共に闘う人生を選ばれてきたのだと思います。今のキリスト教のあり方に異を唱えておられるのも、その一環ではないでしょうか。尊い人生だと思えてなりません」。

人は偶然には生まれてこない。機があり縁があって生まれてくる。それは仏教的な教えであるが、私は和尚の言うほど苦しむ者のために全身全霊で闘ってきたであろうかと自問する。神の前では己の罪を悔いるばかりの人間ではないのかと。

第5章　抵抗の障害児教育

1　障害児教育への差別

私は、障害児教育が不当にも二級教育、三等教育という扱いを受けてきたと常に感じていた。日本の教育史にはその史実が歴然と記されている。その根底にあるのは優生思想である。明治維新から日本は世界の大国と肩を並べるため富国強兵政策を取った。そこで求められる人材は有能で社会のリーダーとなる若者であった。逆に社会の役に立たないと目される病人や障害者は教育の対象にすらならなかった。人権尊重の社会的通念を欠いた土壌の中で、障害者の教育はいつも後回しにされがちであった。「穀潰しに教育は必要か」、その考えが障害児教育の前に立ちはだかっていた。「刷り込まれた優生思想」は現在の社会からは取り払われたのだろうか。

明治五年の学制には、「邑に不学の戸なく家に不学の人なからしめん事を期す」という国民皆学の精神の下に、障害児の学校の設置を認める「廃人学校アルヘシ」の規定が置かれた。だが、それが実現するまでに長きの時間を要した。日本で最初に設立されたのは、京都盲唖院で明治一一年のことである。明治一二年「日本教育令案」には、学制に記された「廃人学校」は

「盲学校」「聾唖学校」「改善学校」の三校に分化した名称で述べられたが、この原案は修正の段階で削除されることになる。障害者の教育を否定する動きが強力になったからである。

障害児教育を軽視するそのような政策は、障害児を義務教育から合法的に排除する「就学猶予・免除制度」の確立となって現れる。社会に役立たない障害児に教育は不要という考えである。そこで生じてきたのは慈善家による障害児支援である。盲学校や聾唖学校の多くは慈善家の好意によって成り立っていた時期がある。

障害児教育では障害の名称が時代によって変化してきた。例えば、今日知的障害と呼ばれるものは、かつては白痴、痴愚、魯鈍と言われた。いずれも差別的色彩の強い用語で、今では教育界で使用されることはない。次に精神発達遅滞と呼ばれた。精神の発達が遅れているとはどういうことなのか。それは小児的段階から大人へと精神が極めて遅く発達するという意である。だが、精神とは何かという大前提が明確になっていない。知性や理性は精神と同じなのか。命名した心理学者が、人間の精神を理性・知性と同一と見た根拠は何か。知的な遅れのある人は精神が未発達なのか。これも明らかな差別用語であると考えられる。

また、日本で最初にできた障害児学級は、明治二三年、長野県で作られた「落第生学級」である。その後、「低能児学級」「劣等児学級」と称する障害児学級が誕生したが、いずれも差別感、劣等意識を表したものになっている。ただ、長野県で作られた障害児学級に「晩熟生学級」の名称がある。教師たちが、劣等生や低能児ではあまりに不憫だという思いから作られたものだ。「低能児」「劣等生」と名付けた学者たちには、差別的な名称で呼ばれる子どもたちの悲痛な思いを慮る心の優しさに欠けている。これらの名称の背景には、社会に役立たない障害児は差別されて当然という通念があったことを示している。

一九二三年（大正一二年）、国は「盲学校及び聾唖学校令」を公布した。だが、学校設置義務が道府県にあり、その財政状況によっては七年間の猶予付きで規定された。だが、七年間が経過しても昭和恐慌のあおりで徹底されることはなく、私立学校として慈善の対象であった盲学校・聾唖学校の公立移管は達成されないところが多数あった。

さらにこの時代、一九二一年にアメリカ人医師バーが来日して「低能児の社会的予防」と題する講演を行なった。アメリカ優生思想の紹介であるが、学校では低能児を隔離して別の学級で教育することと、低能児の不妊手術の励行であった。分離教育と優生的婚姻の勧めで、社会全体から劣等の遺伝子絶滅を訴えるというものであった。多くの日本人がそれを正しいと信じたとある。

そのような中で一九二〇年、東京の小学校に教育能率を高めるための「特別学級」ができる。「促進学級」として「特殊児童」（障害児）を受け入れる学級である。様々な偏見・差別の中で、ピーク時には全国で四六三学級になった。この教育を前進させるべく立ち上がった教師たちは少なくなかった。「特殊児童」を権利主体として彼らに「生存権」「教育権」「発達権」があるとの権利思想を高めていった。だが、大正デモクラシーによるこれらの思想の醸成は、昭和恐慌の財政難に遭って以降衰退し、その結果特別学級の数は一九三一年の時点でわずか一〇〇学級にまでに落ち込んだ。兵士としての能力や工場作業の能力に欠ける知的障害者は、社会のお荷物にまで貶められていった。

一九四一年（昭和一六年）、国民学校令が発布された。この中で特筆すべきことは次の二点である。

一点目は、「国民学校に関する要綱」第一四条に「精神又は身体の故障のある児童に付特別の教育施設並に之が助成方法を講ずるよう考慮し、特に盲聾唖教育は国民学校に準じ速に之を義務教育とすること」と明記した。「国民学校に準じ」という文言が出ている。戦後になって教育基本法第七二条に「特別支援学校は、視覚障害者……に対して幼稚園、小学校、中学校、高等学校に準ずる教育を施すとともに……」とあるのは、明らかにこの「国民学校に関する要綱」に盛られていた、障害児教育は普通教育に「準じ」から取られている。では普通教育に準ずるとはいったい何を指すのか。

筆者自身の経験であるが、中学校の特殊学級教員をしていたとき、たまたま県主催の教育フォーラムに出席していた県教委の指導主事にこの点について質問したことがある。指導主事は、「準ずる教育」とは「同じ教育」の意であると説明した。私は納得せず、「準ずる」は一段下位のものを指す言葉であると反論した。同じであるなら「準ずる教育」などと言う必要はない。明らかに障害児教育に対する差別的用語であり、「準ずる教育」から「適切な教育」に変更すべきであると訴えた。ここにも、日本の教育は明らかに普通教育を中心とした教育であり、障害児教育などその周縁の取るに足りない教育であるとの軽視・蔑視が見て取れる。

二点目は、盲・聾唖学校の設置は国民学校令においても見送られたことである。戦時中とはいえ、普通教育優先の教育がここからも見て取れる。結局、盲・聾の設置は昭和五四年（一九七九年）の養護学校義務制まで待たなければならなかった。普通教育優先の教育によって、障害児教育が大きな遅れを取ったのである。普通教育最優先の教育は、障害児学校の設置を置き去りにすることをくり返してきた。結局、大正一二年（一九二三年）の「盲学校及び聾唖学校令」を公布してから五〇年後に障害児学校が誕生した。その間、障害児やその保護者の学校教育への要望は聞き届けられることはなかった。これを障害児の人権侵害と言わずして何というか。

かつて文部省は心身障害児実態調査を行なったことがある。全国にどれくらいの障害児がいるかの調査である。一九六七年の調査では、学齢児の三・六九%が全国に在籍しているという数値が残されている。その後この数値はどう変化したのかと考えるが、文部省の調査はこの一回限りで終わった。調査そのものに対する保護者の反対によって調査は実施されることはなかったという。だが、その経緯はあまり知られていない。一説には障害児に関する国の調査に関して人権問題があったと聞いている。

だがその後障害児の実態調査は大転換を見せる。二〇〇一年、日本では一〇〇年に一度と言われる障害児教育の大転換が図られた。「特別支援教育」構想である。従来の障害児に発達障害の三種類を加えて対象にしたのが「特別支援教育」である。この構想には「二十一世紀の特殊教育のあり方」とのテーマが付けられ、報告書が出された。対象となるのは従来の障害児だけでなく、ＬＤ（学習障害）、ＡＤＨＤ（注意欠如多動性障害）、高機能自閉症である。この構想の下に全国調査が行なわれ、通常の学級に在籍する発達障害の実態調査が明らかになった。それによると通常の学級に在籍する児童生徒のうち、全体で六・三％の発達障害の児童生徒がいることが明らかになった。

この実態調査については、実施方法や内容について極めて曖昧なものがあり、文部科学省も一定の目安という表現をしているが、文科省の調査結果という評価の中で、この数字が一人歩きし始めた。さらにその一〇年後の調査では全体の六・五％、さらに二〇一二年には八・八％という数字が示された。だが専門の医師や心理学者の科学的な実態調査ではなく、担任の主観に基づく聞き取りによるものであった。この問題点については拙著『排除する学校』（明石書店、二〇一〇、一三一〜一三八頁）に詳しく論じているので詳細は省くが、科学的エビデンスに基づいたものではなく、発達障害についての予備知識を持たない担任の主観的判断であり、極めて信憑性に欠けるものであった。だが、文科省の発表の効果は絶大であった。その結果、発達障害の診断を受けた子どもたちの多くが、適正な指導を求めて特殊学級や養護学校に殺到するという混乱状況が起こった。

ここに示した「特別支援教育構想」は明らかに失敗であった。発達障害の児童生徒が通常の学級に多く在籍し、その対応が緊急に求められることを指摘したことは間違いではないが、彼らの受け皿の設置を全く用意しなかったことは完全に失敗であった。その結果何が起こったのか。通常の学級から追い出された児童生徒は、小・中学校の特殊学級に、さらに養護学校に押し出されてきたのである。さらに高等学校に在籍する生徒も発達障害という理由で養護学校への転学を指導する高校が現れた。ある高校の入学選抜で数学が七番、理科が一〇番の成績を取った生徒の例もある。この生徒の日常の振る舞いが少し変わっているとの理由で知的障害養護学校に転学させようとしたのである。当時、私は神奈川県教育委員会に在職していてこの問題に関わっていた。私は、これを「通常の教育からの排除」と名付けた。知的障害はないが手のかかる発達障害児を特殊教育の学級・学校へと追いやったからである。こうして日本は世界の潮流であるインクルーシブ教育から撤退する道を辿ることになった。

後世の教育史学者は、「特別支援教育」を戦後の教育制度の失敗例として上げるであろう。大量の児童生徒が特殊学級・特殊学校に押しかけるようになり、教育現場に大混乱を引き起こしたからである。先に上げた拙著『排除する学校』の副題として「特別支援学校の児童生徒の急増が意味するもの」と付けたが、ここには具体的な事例を多く載せて、排除の実態を明らかにした。

具体的には特殊学級・学校では児童生徒が溢れ、「過大規模化」と呼ばれる現象が起こった。

通常の障害児学校の適正規模は一五〇人と言われる。だが、行き場を失った児童生徒が押し寄せてきたため、例えば養護学校（特別支援学校）では空き教室、会議室、保護者控え室、興奮した児童生徒の落ち着きを待つためのクールダウン室も、さらに校長室を四分割して教室に使用することも起こった。のみならず、高等学校の空き教室を分教室として使用する苦肉の策も採った。神奈川県ではこうしてできた分教室が当時二〇校にも上った。だが、それでも入りきらないために、廊下を教室として授業せざるを得ない状況が続いた。(1)

私の教員生活の最後の仕事は、新設校の設置であった。過大規模化の大波に揺られ、新たな養護学校を新設することになったのだ。初年度は児童生徒数一七四人であったが、三年目には三〇〇人を越え、教員数も二一〇名に達した。三年で新設時の二倍の大規模校になり、当時、神奈川県下で最大規模の学校となった。教室の確保にどれだけ悩まされたことか。もちろん、その状況に対して障害児教育の側から強く抵抗を試みた。

文科省の特別支援教育の施行によって、日本中の特殊学級や特別支援学校（かつての盲・ろう・養護学校）は激変し、大混乱に陥った。小・中学校の発達障害だけでなく、高等学校からも適応が難しいという理由で養護学校への転学希望も少なくなかった。非行や不登校などの知的障害のない生徒も多く知的障害養護学校に入学するようになった。中にはＩＱ（知能指数）一〇〇を超える生徒も社会性で課題があることを理由に入学する事例もあった。こういう事実からも、障害児教育が常に通常の教育の問題解決のために困難な状況に追い込まれていることは明らかであろう。

2　障害児教育の市民権を求めて

ここからは私のささやかな抵抗の足跡を記すことにする。

私は川崎市の中学校で社会科教師として採用された。だが、すぐに障害児学級の担任を希望するようになった。理由はいくつかあるが、幼少期に小児結核を患い、登校もままならない状態にあったこと、吃音のために人前で容易に話しをすることが苦手であったこと、さらに色覚障害があり健康診断の度にそれを指摘されて辛い思いをしたという個人的な体験が背景にある。また、私はキリスト者として川崎南部の小さな教会に所属し、貧しく苦しむ人々と共に生きることを探っていたということもある。それらが私を障害児教育へと向かわせたのであろう。いずれにせよ、私は障害を負って苦しむ子どもたちの教師になりたいと願って中学校特殊学級の担任となった。

だが、私を待っていたのはそんな個人的な思いが考慮されるような甘い世界ではなかった。最初に面接した教頭はこう言った。「君だったら通常の学級の担任のままでよいのではないか。その若さで特殊学級にはもったいない」と。これから障害児教育に取り組もうとする者に語る言葉なのか。さらに元特殊学級担任との引き継ぎの際に彼は私にこう言ったのだ。

「君は一日も早く特殊学級を抜け出して通常の学級担任に戻るべきだ。特殊学級の教員は一人前の教師として評価されない」と。私はこの言葉に絶句した。同時に彼自身がどれほど苦悩してきたかを思い知らされた。特殊学級やその担任がどう見られどう評価されているかを初日で知らされたのだ。それはすぐに、特殊学級が学校の中でのような位置にあるのかを否応なしに知ることにもなった。今まで通常の学級にいて見えなかったことがはっきりと見えたのだ。特殊学級は教育界では市民権を得ていない。特殊学級の教師は特殊な教師だという偏見があった。特殊学級の担任になって、どれだけの人に言われただろう。「君の学級は掃き溜め学級だ」と。心ない教員が生徒に対して「おい、身体……」と蔑んで言う。管理職までがそう言う。障害児には人権はないのか。全ての人が人権を持ち、平等であることがなぜ理解できないのか。私はその理不尽さに強い怒りを覚えた。と同時に、特殊学級が市民権を得て、多くの教員から支援や賛同を受けるようにすることに強い使命感を抱いた。私が意を決して取り組んだことは次のとおりである。

1、特殊学級を開かれたものにすること。

とかく特殊学級は閉鎖的になりやすい。何をしているのか、どんな授業を行なっているのかが一般教員には見えにくい。特殊学級が学校全体で支えられるためには、学級を開放することだ。そう思った私は、学級の情報をできる限り職員会議や朝の打ち合わせで話すことに努めた。授業公開を積極的に行ない、一般教員に見学してもらい、意見をもらうようにした。特殊学級の行事にも参加を呼びかけた。調理実習や工作の授業では、一緒に食事をしたり工作の授業で飛び入りで指導もしてもらった。

こうしたことにより、通常の学級との交流教育（特殊学級の生徒が通常学級で授業を受けること）の道も開かれた。当然、生徒たちの発達状態や指導の留意点などを記した「個別指導計画」を作成し、共有することに努めた。

私が今でもはっきり記憶していることは、職員会議で交流教育の意義を主張し、開始してほしいと訴えた席のことである。多くの教員が納得しない中、一人の教員が立ち上がってこう言った。

「私は鈴木先生の言うことは正しいと思う。みんなで協力してこの学校で交流教育を始めよう」と。彼は数少ない味方の一人で、校内でも有力なこの教師の言葉にみんなは賛同せざるを得なかった。孤立しない学級づくりの成果がこのように実現した例である。理解者・賛同者を作ることが障害児教育では特に必要なのだ。

特殊学級の連合運動会にも多くの教員が休暇中にもかかわらず参加してくれた。学級への理解や支援を広げることの大切さを学んだ。

2、特殊教育の理念やノウハウで通常の教育を改革すること

私が特殊学級の担任になったとき、生徒は四人であった。通常の学級の担任をしていたこともあり、学校全体を視野に入れた学級経営を心掛けた。あるとき、学校全体で三〇人近くの生徒が不登校の状況にあることに気がついた。当時は一年で五〇日以上の欠席を不登校と定めて

いた時代である。私はこの不登校の生徒の指導を特殊教育の理念やノウハウで指導できないか模索を始めた。個々の生徒の発達段階のアセスメントによる個別の指導計画の作成、スモールステップの指導方法、一人の教師ではなく関わる教師全員のチームアプローチ、専門機関との連携など、持てる資源を総動員して指導に臨むという障害児教育の手法を活用することにした。また管理職や保護者だけでなく全校の教師たちの理解や支援を取り付けることも必要であった。このようにして新たに「情緒障害児学級」が誕生し、毎年小学校からの情報を頼りに家庭訪問をくり返し、生徒たちを入級させるようになった。生徒数は膨れ上がり、在籍児は三年で二〇人、五年で三〇人になっていった。ただ、一概に不登校と言っても様々な生徒たちがいる。非行の傾向を持つ生徒、指導力の無い保護者の家庭もある。虐待、捨て子など教育環境が整っていないがために不登校になる生徒たちもいた。そのため家庭訪問をくり返した。家庭の事情を知ることや、支える手段を模索することに没頭した。

もちろん教師の専門性を高める努力を続けた。心理検査の方法を学び（田中ビネー、ＷＩＳＣ等）、教育相談のあり方は近隣の児童相談所の専門家からも指導を受けた。

成果は確実に上がった。不登校の生徒の指導では、四二名の不登校児のうち欠席日数三〇日を切れなかった生徒はわずか四名であり、非行傾向の生徒も落ち着いた学校生活が送れるようになってきた。取り組みの報告を様々な研究冊子などで発信すると、校区以外の学校から入級を希望する生徒たちが集まり、校外や県外からも多くの見学者が訪れるようになった。また不登校の児童生徒の対応に苦慮する市教委からは、不登校の児童生徒の専門機関「適応指導教室」の指定学級にしたいとの申し出を受けた。だが、市の行政機関となることを私は断った。市の機関に指定されれば、夜間の家庭訪問や保護者との協力関係など、私たちが重視している一般的な教育の枠を超えた取り組みを行政が了解するとは思えなかったからである。

このような取り組みの根底にあったものは、障害児教育が二級の教育と見なされていたことへの反発と、通常の教育を障害児教育の視点から支援し改革するという視点があった。この取り組みは私がその中学校を離れるまでの一一年間続いた。この経験は、後に国が「これからの特別支援教育について」という構想を打ち出して神奈川県の対応が迫られた時、「神奈川の支援教育」構想の礎となった。その草案は当時県教委にいた私が書いた(2)。

3、特殊学級教員の使命

私は、特殊教育（障害児教育）の教員は、一般に理解されにくく偏見や誤解を受けがちな学級や学校の教育や理念を広く一般に知らしめること、理解や支援を受けられるような取り組みに努めることが重要であると思っている。既に述べてきたように、校内の教職員やＰＴＡ、地域の人々にその理解を拡大することである。閉鎖的で孤立しがちな特殊学級をたくさん見てきたが、これでは理解も支援も得られないと思っていた。学級や学校が広く知られるようにするために、どのような取り組みや行事を行なうかを考えなければならない。

私は校内の教員を対象にする行事だけでなく、地域の人々や地域の小学校教員などの多くの人々に開放され、人々が参加できる行事を模索してきた。例えば、文化祭に出展する工芸品づくりを地域の人々が参加したり、調理実習で地域の敬老会に声をかけたりもしてきた。そのためには、学級に籠もっていてはダメだと、ＰＴＡの広報委員会の担当になることを管理職に依頼して、ＰＴＡ新聞に特殊学級のことを書いて掲載した。また、ＰＴＡ懇談会で特殊学級のことを話したこともある。これらはすべて特殊学級のことを多くの人たちに知られることを意図している。私が中学校から異動する送別会の席でＰＴＡ会長がこう言った。「先生のおかげで今までほとんど知ることのなかった障害者のことに関心を持つことができるようになりました」と。

また、校内では特殊学級のことだけでなく、学校全体の業務に関わることも積極的に行なった。部活動、生徒指導、校務分掌等である。部活動では高校時代に経験した柔道部の顧問となり、全国大会などに出場し、何度も優勝を経験をした。ちなみに私は柔道三段を有している。柔道部の生徒たちとはその後も関係が切れず、中学校を離れて三五年になるが未だにＯＢ会が続いている。このような部活動も含めて広く学校教育に関わることが障害児教育への理解を生むのだ。部活動も生徒指導も校内教員の結束が求められる。その結束が障害児教育への理解を増すことに繋がっていくと確信している。

3　神奈川の支援教育――通常の教育改革を見据えた理念

私は中学校教員から神奈川県教育委員会に配属された。二〇〇一年、文科省は「これからの特別支援教育について」という報告書を出した。これに対して神奈川県はどのように対応するかが問われた。当時教育委員会障害児教育課課長代理であった私は草案を書いた。それが「神奈川の支援教育」である。「特別」という言葉を外したことに大きな意味がある。私には中学校特殊学級の経験がある。情緒障害児学級には、不登校、非行、虐待、外国籍、貧しい家庭の子、捨て子、ヤングケアラーなど様々なニーズのある生徒たちがいた。国の提言した特別支援教育は従来の障害児に加えて三種類の発達障害児が対象となっている。だが、個別に配慮し特別な対応が求められる子どもたちは障害児や発達障害児に限定されるものなのか。私は特別支援教育の対象を限定しないで、「自らの力では克服できない教育的ニーズのある子どもたち」に支援の目を向けるべきだと考えた。そのための対策として障害児教育の専門性のある特殊学級や特別支援学校の教員による支援、教育委員会や専門機関とのきめ細かな連携、地域ごとの支援チームの構成と活動の充実、養護学校教員を対象にして実施されていた「スクールサイコロジスト養成講座」を小・中・高等学校に拡大し、校内の「支援教育コーディネーター」の育成などを図ることによって、総合的で多面的な支援システムの構築に努めた。

神奈川の支援教育構想には多くの専門家の説明が求められ、反対の意見も出された。特に障害児教育の専門家である大学教員からは、「障害と教育的ニーズを曖昧にするもの」との批判が多く出された。障害児教育の理念や資源から通常の教育の課題解決に向けて何ができるかという支援教育発想の原点はほとんど理解されず、通常の教育と障害児教育は教育課程が異なっているのだから、理解されないのは当然であると一蹴され、両者の間にある壁をいかに崩して両者が支援し合えるかという本質的な課題は全く無視された。教育界全体を見据えた障害児教育のあり方を全く視野に入れない専門家の言動に驚いたことを覚えている。まして、障害児教育が教育界全体で軽視されている現実を、教育現場に立たない研究者は知らないのだ。

私はその場で、そもそも障害と教育的ニーズは分離されるものではないと答弁した。「困っている子」は障害児だけではない。苦しんでいる子に寄り添う教育のあり方を検討してきた結果であると述べた。障害があるかないかではなく、困っていることに適切に寄り添うことだと考えた。それを可能とするのは障害児教育の理念と手法であるという確信があった。同時に障害児教育への正当な評価を求めたいという強い思いがそこにはあった。

この取り組みの背景には、通常の教育改革を障害児教育の視点から実施するという発想がある。私が中学校で実践してきた教育全体の改革を見据えた障害児教育のあり方を常に模索してきた。これが理解されるには時間を要するだろうと思った。そもそも通常の教育を視野に置いて障害児教育を考える専門家はいない。だから、結果的に通常の教育と障害児教育が二分し、その間の高い壁を打ち破ることができないのだ。今こそ通常の教育と障害児教育の壁を取り除く教育改革がなされるべきではないか。

私は現在でも、障害児教育の理念やノウハウが通常の教育改革の鍵になると信じている。「個別指導計画」「自立活動」「チームアプローチ」などの障害児教育の優れた教育方法を今こそ通常の教育は学ぶべきなのだ。

4　地域社会の変革としてのインクルージョン

私の公立学校教員時代の最後の務めは新設校の設置と開校であった。

特別支援教育の推進により、発達障害児を含む「学校不適応」の子どもたちが養護学校に押しかけてきた。通常の教育の教師たちから見れば特別支援学校は頼りがいのある存在であり、同時に最後の引き取り手であった。指導が困難な子、何度言っても理解しない子、集団生活が上手くできない子、家庭に問題があって親への指導が難しい等の子どもたちへの対応が、特殊学級や養護学校に転校することによって可能になったからである。指導の困難な児童生徒は、特別な専門家である障害児教育のプロの教師が担当することが可能になった。こうした流れで、特殊学級や養護学校の在籍児童生徒は増加の一途を辿った。

全国で養護学校の新設が急増した。通常の学級から弾き出された児童生徒の受け皿づくりに奔走する日々が続いた。そんな中で私に新設校設置の任務が廻ってきた。

だが、それは同時に地域の養護学校設置反対運動との闘いの幕開けであった。学校再編で廃校となった高校の校舎に新たに養護学校を作ることを知った地域住民たちは、養護学校の設置に反対の意思表明をしたのだ。障害者が大勢来ることによって犯罪が起きないのか、子どもたちの安全は守れるのかという質問が出された。緊急の町内会の席上で、私は障害者を犯罪者として見ることは間違いであり、障害のある人たちとの共生を一緒に考えてほしいと訴えた。

だが、新設校の初めての入学式当日、校門前に大きな車が止められて通行不能の事態が起こった。私は反対運動のリーダーの家に行き、すぐに車を動かさないと警察を呼ぶと言った。その結果入学式は無事に行なわれたが、その場面に遭遇した保護者たちの中には、自分たちの子どもはどこに行っても排除され差別を受けると言って泣き崩れる人も少なくなかった。私はその場面を決して忘れることがない。激しい怒りが内から沸き起こった。新設校は「人権の町」「共生の町」を謳う川崎市にあった。外国人の多く住む市の掲げた標語とはあまりにかけ離れた実態であった。

その二ヶ月後、高等部の生徒が校外学習の最中に、公園で若い母親の髪の毛を引っ張るという事件を起こした。母親は大したことはないと言ったが、これを知った反対派の人たちが噛みついてきた。私は毎晩、母親の夫の勤め帰りを待って謝罪に出かけた。地域の人々の怒号の中を何時間も頭を下げる日々が続いた。加害者の生徒の親を出せ、担当教員も謝罪すべきだという意見に対して、私は学校で起きたことは全て学校長の責任として引き受け、彼らを守ると決意した。障害者差別との闘いであると判断した私は、当事者を非難のさらし者にすることなど断じてできなかった。結局四ヶ月間子どもたちを校外に出さない謹慎という形でこの件は落着した。そのことに保護者たちも教員たちも傷ついた。

私は新設校開設準備担当となり、どのような学校にするかを考える立場にあった。世界の障害児教育の潮流は、囲い込みの分離教育から通常の学校へ統合する「インクルージョン」の流れにあった。通常の教育から排除されない教育は、教育分野だけではなく、社会全体の共生理念として認知されつつあった。開校時の様々な事件を受け、私はこの考えを新設校設置の理念に据えた。

「インクルージョン」に向けた世界的な動向を理解しておく必要がある。それらについては既に様々なところで論じられているが、イギリスのP・ミットラー著『インクルージョン教育への道』を参考に基本的な考え方をまとめた。同書の第2章に記されている通りである(3)。

私がこの「インクルージョン」の理念を新設校づくりの中心にしようと考えたのには明確な理由がある。それは、障害児や特殊学級に対する差別・排除・偏見への闘いを新設校の学校づくりの礎にしたいという、中学校特殊学級担任の時から抱いていた思いと、さらなる地域住民による新設校設置反対運動との対峙があったからである。

そしてもう一点、私が取り組んでいた川崎市の「路上生活者支援」に対する地域の反対運動があったからである。私は川崎市南部にある小さなキリスト教会の伝道師を務めていた。牧師の妻と伝道師の私が中心となって「路上生活者支援」を始めた。川崎市では最も多い年で一四

○○人の路上生活者がいて、厳寒期には毎年数名の凍死者が現れる状況であった。これは放置できないということで小さな教会が支援に立ち上がった。毎週二回の食事や生活必要品の提供や様々な相談活動などを実施するようになった。すると教会周辺の地域住民が声を上げ始めた。町内に犯罪が起きる、汚れる、物を捨てていく、喧嘩が起きる、酔っ払いが問題を起こす、などと指摘して、このような支援活動を続けるなら地域から教会が出ていってほしいと、町内会の決議書を持ってきた。これらについては丁寧に説明し、問題は起こさないと約束したが、町内での混乱は容易に収まらず、支援開始から四年ほどは様々な問題が起こった。町内からの苦情は常にあり、教会の玄関先に鳥の死骸やゴミが捨てられ、汚物がまかれる嫌がらせもあった。問題が起こるたびに地域に謝りに行くことが続いた。もちろん、教会の中でも暴力事件や、牧師や私を刃物で脅すということが度々起こった。夜中や早朝に押しかけてきて金を無心する者もいた。横浜の寿町では、週一回の食事の提供を近くの広場で行なったために大きな混乱にはならなかったが、私たちの支援活動は、教会に迎え入れ共に礼拝して神の家族になるという試みであった。そのため、食事の提供だけで終わることなく、一人ひとりとの付き合いを優先する活動であった。

町内会は市会議員に働きかけ、教会の活動を停止させようとした。教会には保守の議員も革新の議員も路上生活者支援の停止を求めてやってきた。中には路上生活者など世の中に不要だという保守系議員もいたが、革新系の議員までもが支援活動の停止を求めるのには断固として抗議した。誰がこの人たちを守るのか、政府を批判する立場にいる政治家が路上生活者の生存権を認めなくてどうするのかと。私はこの経験によって、政治家をほとんど信用しなくなった。所詮、票にならない路上生活者は政治家にとって「人」ではないのだと知ったからである。

このような闘いが私の教会で起こっていた。私は養護学校設立反対を叫ぶ人たち、路上生活者支援反対を叫ぶ地域住民との二正面の矢面に立たされ、二つの排除事象の当事者となった。路上生活者は社会が排除した人々である。どんな理由があるにせよ、社会から追い出してはならない。ここにも「インクルージョン」の理念と実行が求められた。

この二つの排除事象の経験から、私は新設校設置の理念の根底に「インクルージョン」を取り入れた。

障害児を受け入れる学校がインクルージョンを目指すとはどういうことかを、新たに集まった教師に、また保護者や地域住民に、さらに近隣の学校の教師や児童生徒や保護者たちにことあるたびに話してきた。

教会では路上生活者支援を実践する伝道師であり、学校では障害者を排除しない「インクルージョン」を熱く語る校長として動き回った。当然多くの疑問も寄せられた。障害児を地域の学校に戻して養護学校を廃校にすることなのか。そもそも「インクルージョン」は日本の障害児教育の基本政策なのか。校長の考えは理解できない等。私はこれらの疑問に答えるたびに、真の「インクルージョン」とは何かを模索するようになった。

具体的な学校づくりの中核は次のとおりであるが、これは開校に合わせて刊行した拙著『インクルージョンをめざす教育』に詳しく記載したので、要点のみを記す。

1、地域を変革する学校

通常の学校の教育目標は、児童生徒をどのような人間に育成するかで示される。だが私は新設校の目標の最初に、「地域に貢献する学校」を掲げた。地域に貢献するとは、インクルーシブな地域社会を前進させるという意味である。障害児学校が目指すものは、どんな差別も排除もなくして、みんながお互いに支え合い助け合う地域づくりである。障害者だけでなく、高齢者、外国人、貧しい人々、様々な困難を抱えた人々をみんなで包み込む地域にすることを、教育目標の第一とした。新設校は地域社会の変革を最も重要なテーマと考え、インクルージョンに基づく学校づくりを地域に向かって発信することに重点を置いた。最初の一年間だけで地域講演会を四三回開催し、受講者はのべ一六〇〇人に達した。当然、地域の小・中学校、高等学校にも出かけて講演を行なった。地域社会のインクルーシブ化を一緒に考え行動することを願って発信し続けた。

2、地域支援活動によるインクルージョンの推進

「地域支援」は国の特別支援教育構想の最重要課題である。養護学校の持つ専門性を地域の学校や施設に提供し、養護学校が地域の障害児教育のセンターとなることを目指したものである。学校によっては地域支援を地域の諸学校のニーズに応えるものとの位置づけが多かったが、

私は単なる障害児支援ではなく、障害児が通常の学校にいるままで支援される指導体制を構築することとねらいとした。それこそが「インクルージョン」の基本である。それを実現するために、資質の高い教師たちを新設校に異動させるため教育センターや病院の専門の指導員に依頼した。新設校の地域支援は教師たちの頑張りもあり、相談の申し込みから受理されるまで何ヶ月先まで順番待ちになるほどであった。地域への広報が功を奏した結果である。

学校の玄関には、「地域支援センター」の看板を掲げ、地域の教育的ニーズを掘り起こし、教育相談の受け皿の充実を図り、また人権問題も相談の対象とした。さらに児童生徒の事例研究会を繰り返し行なって、在籍児を通常の学校に移籍させる取り組みを行なった。いったん養護学校に在籍すると普通学校に移れないという従来の就学指導のあり方を柔軟にすることにより、通常の学校と障害児学校の隔たりを少なくすることを心掛けた。この取り組みで普通学校に移籍した児童生徒が毎年現れた。文字通りインクルージョンの取り組みであった。

3、地域住民との学校づくり

開校の前後にあれほど学校設立反対運動をした地域であったため、どれほど協力してくれるのかという不安はあったが、地域住民との関係改善は新設校にとって大きな課題であった。そこで地域の町内会や行事に積極的に参加して、新設校について説明を繰り返した。その中で提案したことは、一つはボランティアの募集であり、二つ目は自由な授業参観であった。当時、学校に不審者が侵入して傷害事件や暴力行為を起こすことがたびたび報道されていた。そのため多くの学校では施錠して不審者の侵入を防ぐという方法を取っていた。私は逆に多くの人々が自由に校内に入れて地域の人々の目が日常的に注がれている状況があれば、不審者は入れないのではないかと考えた。多くの人たちの目がある学校こそが安全な学校になるという発想である。そのため、町内会にボランティアの募集をかけ、授業見学や住民による授業参加を呼びかけた。当然、ボランティア養成講座を何度も開催した。

障害児学校設立に反対した地域の人々にこそ障害児の姿を見せて触れ合うことによって、差別解消になると考えたからに他ならない。一年目、ボランティア登録者は五〇人に上り、三年目には三〇〇人を超えた。彼らは給食の配膳や片付け、授業の補助、体育やプールでの見守り、独自の授業の展開（絵はがきづくり、書道や歌唱の指導、地域の工芸品づくり）をしてくれるようになった。いつしか設置反対運動があった地域の学校とは信じられないような学校ができあがっていった。

さらに、前任校の盲学校で試みた地域による学校支援のあり方を、新設校でも実施した。自分たちの学校であるという意識を高めるために、「後援会」を立ち上げ、個人は年間千円、団体（企業）は年間一万円を出してもらい、インクルージョンの推進のために用いると後援会規約に明記した。私は町内会やロータリークラブ等で後援会への参加を呼びかけた。作業学習で作製された製品をどう販売するのか、また町内会とどう連携するかについても助言をもらった。後援会は一年目に八〇万円ほど集めることができた。

ボランティアは学校設立一〇年後、一五〇〇人の名簿登録があり、県内の特別支援学校で最大のボランティアを擁する学校となった。

4、全国初の芸術コースの設置——生涯学習に向けた取組

新設校の看板メニューは全国初の「芸術コース」の設置である。養護学校では、卒業後の社会的自立・就業支援のために作業学習を行なっている。それは養護学校が設置された当初から全ての学校で行なわれてきた。だが私は敢えて「芸術コース」を設置して、生徒に選択させるようにした。「芸術コース」の内容は、「音楽グループ」と「美術グループ」である。

これには私が中学校特殊学級で実践してきたことが背景にある。中学校では手芸品づくりを授業で行なってきた。主に取り組んだのは「錦箱の制作」である。はさみやカッター、定規などの道具の使用を教え、リリアンの巻き方の工夫で美しい手芸品になることを指導してきた。作品は通常学級の生徒たちから評価されるものが多く、売ってほしいと言われるものもあった。これを文化祭で展示発表で行い、特殊学級の生徒たちが通常の学級の生徒や保護者・地域の人たちと一緒に作る場面も設定した。当然学級の生徒たちが教えることもあり、彼らの自尊心を高めたのだ。

だが、この手芸品づくりがもっと大きな意味を持っていることに気づいたのは、卒業生たちが余暇活動として取り組んでいることを知ったときである。私が卒後指導の一環として夏休み期間に、中学校を卒業して養護学校高等部に進学した生徒の家庭を訪問したとき、保護者が箱

いっぱいに詰まっている「錦箱」を取り出して、学校から帰ると毎日錦箱づくりに励んでいると聞いたのだ。好きな音楽を聴きながら何時間でも一人で楽しく活動ができる。それによってその子を一人で家に残して親は買い物などに行くことができるようになったという。余暇活動は母子分離を可能にすることを改めて知った。この体験があるからこそ、養護学校での「芸術コース」を設置したのだ。

この取り組みには様々な支援者が登場した。音楽グループには世界的なバイオリニスト五嶋みどりさんが全面支援を申し出てくれた。毎週東京芸大の大学院生数名がボランティアで器楽指導を行なうこと、バイオリンとフルートを無償貸し出ししてくれることが決まった。器楽は難しいと思ったが、ボランティアや教員の懸命な指導の成果で、半年で曲がそれなりに演奏できるようになり、定期的に近隣の高齢者施設での演奏が可能となった。

美術グループでは町内会の役員が来校し、エコバックの模様に生徒たちの作品を印刷して使用したいと申し出てくれた。また、様々なマスコミで取り上げられて、遂に横浜市の美術館で展覧会を開催することになった。今日の「アートブリュット・アウトサイダーアート」（正規の芸術教育を受けていない人々の生み出す芸術）のはしりである。全国の美術・工芸品制作の団体三施設と本校が合同で「障害者美術展」を開催した。これも複数の新聞やテレビが取り上げ、話題となった。

音楽グループの活動は、五嶋みどり氏のコンサートがサントリーホールで行なわれ、その舞台に本校の生徒たちが演奏者として出演した。のちに、NHKの「プロフェッショナル五嶋みどり」の収録にも本校の生徒たちが登場している。前代未聞の障害者たちの演奏会にサントリーホールが使用されたこともあり、大きな反響を呼んだ。

ところがこの「芸術コース」にクレームが付いた。授業公開日に来校した文部科学省と厚生労働省の調査官が、養護学校高等部は社会的自立を目的にしたものであり、作業学習に力を入れて指導すべきだ、障害者が芸術に取り組んでどんな意味があるのかと一方的に言い放った。当日出張していた私は教頭からその話を聞き、文部科学省や厚生労働省の障害者に関する古い体質を再認識した。生涯学習として「芸術コース」を立ち上げた意味を理解できないのだ。だが、この話には続きがある。私が学校を退職して七年目、全国特別支援学校校長会の席上で、文部科学省の調査官が「芸術コース」について述べ、このような先進的な取り組みを推奨したい、ぜひ見学に行くようにと校長たちに語ったと聞いた。国の取り組みは一〇年も遅れていると感じた。

この芸術コースには、身体に障害があり手指の操作に困難な生徒も参加しているが、一曲終了するまでバイオリンの弦や太鼓のバチを持ち続けることができるようになり、それが日常生活の集中力や持続力の向上に繋がったと報告されている。

この活動は卒業生を含めた「エイブルコンサート」として地域で毎年続けられている。(4)

最後に、私が校長会会長時代に実行したことに触れる。

養護学校の過大規模化対策に当たって、県教委、横浜市・川崎市それぞれの教育長に面会して、過大規模化の実情や背景にあるものを指摘し、その対策への提言を行なった。従来は障害児教育の校長会会長が教育長に直接何かを要望するという例はほとんどなかったが、養護学校が過大規模化によって機能不全に陥る危機意識を持った私は、直接会って詳しく事情を説明し、何点かの具体的な対策を強く要望した。

県教委に対しては、県立高等学校の入学選抜で発達障害や社会性に問題のある生徒を受け入れる体制や人材を確保して、高等学校におけるインクルーシブ教育の推進を計ってほしいと依頼した。その背景には、高等学校入学選抜で学力試験は合格しているが、行動面や外見で課題のある生徒を不合格にしていることが大きく報道されたことがある。さらに、特別支援教育の時代になって、学習面では問題ないが行動面や社会面で課題のある生徒を養護学校に転学させる事例が見られることから、発達障害について高校教員が基礎的な学習を受けられる環境を作ってほしいこと、また定時制高校を充実させてもっと多様で柔軟に受け入れられる定時制高校づくりについて提言した。

養護学校の過大化の背景には、高校生の中途退学の増加、定時制高校・通信制高校への進学者の増加という、高等学校自身の抱える問題がある。言ってみれば、適切な高校への進学先を失った生徒たちが養護学校に集中しているという問題であり、本来高校問題として捉えるべき事態ではないかと強く要望した。

他方で、横浜市、川崎市には小・中学校の特殊学級の充実を図り、障害児が地元の学校に通える対策づくりを提言した。従来、養護学校に入学したばかりの小学部一年生は、教室で静かに席に着いたり教師を待ったりするのは難しい。それができるようになるには数年が必要である。しかし、四月の入学式後の学級の様子を見た私は驚いた。全員が席に着いて静かに教師を待っているではないか。私には、教室を飛び出したり飛び跳ねたりして席に着けない、大声を出して暴れるなど、新入生は慣れない環境で不適応を起こすという先入観があったからだ。どうしてこの子たちは養護学校に来たのか、どうして小学校の特殊学級で対応できないと判断したのか。

その原因は明確である。特別支援教育体制になって発達障害児が通常の学級から特殊学級に移ることになり、特殊学級では入級者が増大して受け入れが不可能になったことである。さらにもう一つの要因は、特殊学級の教師が専門性に欠けることにある。

私が中学校の特殊学級担任だった頃も、人材不足は顕著であった。退職間際の教師や、指導力に欠ける教師などが特殊学級の教師になることが多く、通常の学級担任ができなくなった教師たちの居場所となっていることが指摘されていた。それは特殊学級の教師の育成を図ってこなかった教育行政の問題であった。神奈川県教育委員会に勤めていた頃、特殊学級担任の平均在職年数の調査をしたことがあるが、結果はわずか一年半であった。担任が二年以内に入れ替わる。これでは専門家が育つはずはない。

この課題は現在も続いている。大きくは報道されていないが、特殊学級や通級指導学級の教師たちの中には、様々な問題のある者もいる。特殊学級や通級指導教室の教師の専門性について、保護者たちから苦情が寄せられて、新聞の投書欄に教育の実態が書かれることがある。ここにも、障害児教育が通常の教育からの差別や排除が起こっていることを知らされる。通常の教育現場に不向きな教師の居場所となっていることが窺える。

こうした事実を基に、横浜市・川崎市の教育長と面会し、特殊学級の改善を提言した。初めのうちは「聞いてやる」という上から目線であった教育長に対して、要望を聞き入れなければ県立養護学校の入学者に定員枠を設けて過剰した場合には入学を拒否することもあると、強い口調で述べた。これには教育長も真剣にならざるを得なかった。その年に横浜市教育委員会に養護学校の実態を見学するように依頼した。見学者たちは一様に、この子たちは本来特殊学級に在籍すべきだと認めた。翌年、横浜市からの入学者は大きく減少した。

障害児教育は教育行政や通常教育の校長会から言われることをそのまま受け入れてきた。抵抗し闘ってその権利を主張してこなかったことが今日の状況を招いている。それは障害児の権利を守る闘いなのだ。

5　天皇制との対決

ここからは、私の教員生活の中で起こった抵抗と挫折の記録をたどる。

私が最初に天皇制と対決したのは、一九八九年（昭和六四年）一月七日に死亡した昭和天皇の大喪の礼が二月二四日に内閣主催で実施されたときであった。学校に反旗を掲揚させ、テレビのＣＭが中止となり、公共施設やデパート、映画館が休業した。全国民が天皇の死を悼み悲しむために喪に服すことを強要された。

当時私は川崎市立中学校の教員で、特殊学級を担当していた。私は大喪の礼に国民すべてが喪に服することは、戦時中天皇を現人神と奉った天皇崇拝そのものではないかと考え、反対意見を述べるべきだと思った。大喪の礼の日まで、学校では音楽や体育の活動が縮小され、部活動であるブラスバンドの練習に地域住民から非難の電話が殺到することも起こった。天皇一人のために学校教育が妨害される。これは戦時中の教育の再現以外の何物でもない。

私は行動を起こした。勤務校の組合長に、学校が大喪の礼を受け入れることについて問いただした。返答は、どこの組合も大喪の礼に反対意見を表明していないから、本校としても意思表示はしないという。私自身はその中学校で組合の分会長を務めたこともあり、分会では政府の教育方針や施策への批判も述べてきた。私だったら組合全体で反対の意思表示を取りまとめて提出したであろう。だが、私は教師であり、同時にキリスト者であり、伝道師でもあった。

組合の腰が引けていると感じた私は、個人で抵抗の意思を示すことを決意した。

そこで川崎市の教育長や教育委員長の両者に大喪の礼の実施反対意見を表明し、学校現場にこれによる混乱を持ち込まないようにと意見書を書いた。特に私は特殊学級の担任をしているが、すべての生徒にとって教育の停滞は許されるべきではないこと、また天皇と障害児を比較して、一方は死んでもなお全国民から敬慕されることを強要する立場にある者、一方は社会の中で最も低く評価され尊厳が無視されている者であることから、天皇の死を全国民が悼むことを要求すること自体、すべての人間は平等であるという世界人権宣言に抵触するものであることを書面で訴えた。

私は当然その結果が直接私だけでなく管理職にも及ぶものと予測して、予め管理職に伝えておこうと思い、校長室で校長と教頭を前にして、文書を見せて説明した。話し合いは時間を要した。

二人の管理職はそろって反対して、文書を撤回することを求めた。私は反論した。教頭は私がクリスチャンであることを理解した上で、このような文書を教育委員会に送ることはあなたの将来に禍根を残すと言った。君はそのままいけば必ず校長になる人間だ、その道を自分から閉ざすことはないと。何か情にほだすような言い方だった。校長は天皇制とは何かをいろいろ語ったが、最後には教育委員会が私への指導や処分と同時に管理職にも何らかの処分が起こりうるとして、面倒なことは止めてほしいの一点張りであった。話し合いは平行線をたどったが、私は文書の提出を行うと断言して、その場は終わった。それからしばらくは、私にどのような処分が下るかを待ち続けたが、何事も起こらないまま終わった。

死んでなお国民に尊崇の念を強要する天皇と、生きている間差別と排除の中に置かれる障害者を見るときに、日本国憲法の基本的原理である「個人の尊厳」に著しい不平等を感じる。私の天皇制への抵抗は、障害者差別の現状から生まれたものである。

次に出てくるのは、「日の丸、君が代問題」である。

二〇〇三年、東京都教育委員会は都内の都立高校、盲学校、ろう学校、養護学校に「日の丸・君が代通達」を送り、国歌斉唱を義務づける旨を通達した。大阪市では二〇一一年に国歌起立条例が成立し、国歌の起立斉唱が義務づけられた。

神奈川県でもこのような流れを受けて、二〇〇五年に教育長通知で、「入学式及び卒業式における国旗の掲揚、国歌の斉唱の指導の徹底について」を県立学校長あてに出した。さらに二〇〇八年から県立学校に教育課程調査との名目で指導主事二名を派遣し、日の丸・君が代の指導徹底を図った。その際に、不起立や斉唱しなかった教員を教育委員会に報告することを義務づけた。

東京都では石原都政のもと、都立学校教員一七六人が卒業式に起立せず、君が代を歌わなかったとして処分した。大阪でも橋本知事のもとで同様の事態が起こった。これらは訴訟に発展し、最高裁まで争われたが、二〇一三年の最高裁判決は、東京都が教職員に対して行なった職務命令は憲法違反ではないとの判断を下した。大阪でも同様であった。

私が神奈川県立学校の校長として在職したのは二〇〇三年から二〇〇九年にかけて、二校（盲学校と養護学校）である。私の腹は決まっていた。教師としてもキリスト者としても日の丸・君が代には反対の立場を取る。ただ、一四年前の中学校教員時代とは状況が異なっている。当時は一教員としての私個人の意思表示であったが、今回は学校長として教員をどう指導するかが問われている。東京都や大阪市の出来事は熟知している。教員の処分は、大阪では職務命令違反三回で分限免職対象となることも。私がやろうとすることがどのような結果を迎えるのか不安はあった。しかし迷いはなかった。免職処分なら少し早めの退職と思えばよいと、腹を括った。

私は、日の丸・君が代反対の根拠として、「思想信条の自由」の権利の侵害という憲法上の論理を持ち出すことはしなかった。日の丸・君が代は天皇賛美に直結していることを問題にした。天皇を「現人神」として称え奉った戦時中の天皇崇拝を、日の丸・君が代が示しているからである。私はキリスト者であり、天皇は神ではない。神はイエス・キリストの父である神以外に存在しない。その神以外のものを拝むことは偶像礼拝なのだ。私はキリスト者として、教会の伝道師として、神以外のものに膝を屈めることはない。これが私の結論であった。もちろん、天皇と障害者の対比で人間に上下の差はないこと、すべての人間は平等であることを、障害児学校の教員だからこそ広く訴える必要があると説明しようとした。

私は盲学校や養護学校の教員の前でこのように語った。

「この学校は障害のある子どもたちの学校である。障害のあることでたくさんの苦しみや辛さを負っている。そして授業や様々な活動の場でも、障害や病気と闘っていることを私たちは見てきている。障害児学校とは、何よりも子どもたちの命を第一と考える場所である。入学式や卒業式で教員が起立を求められ、国歌を斉唱することが義務づけられるようになったが、子どもたちの安全確保を第一とする本校では、障害や病気に寄り添うことこそが最も重要なことではないか。酸素ボンベを負って式典に参加する子どももいる。チアノーゼで唇が紫色になってSOSのサインを出す子どももいる。自閉症で落ち着きがなく、飛び回ったり、他の子どもに掴みかかったりする子どももいる。教員が座ってしっかり抑える必要がある場合や、ベッドサイドで真剣な見守りが必要な場合もある。何が教育として大切なのか。結論は既に出ている。起立することより、斉唱することより、子どもたちの安全確保が教育者には求められている。従って本校では、儀式を大切にするが、障害児の安全を第一に考えてほしい。起立できなかった人も斉唱できなかった人も、すべては子どもたちの教育を優先した結果であるとして、不起立者や歌わなかった教員は本校には一人もいない、と教育委員会には報告する」。

教育委員会の指導主事が卒業式に来たときには、式典の雰囲気を壊すような態度をとらないことを約束させ、ひな壇の来賓席に座ってもらい、起立や斉唱のチェックをさせなかった。

私は校長として日の丸・君が代問題を乗り切ったつもりだった。だがそのままでは終わらなかった。後日教育委員会から呼び出しがかかり、尋問を受けた。最初は、所属する教員の研修の扱いについてであった。ある教員が教職員組合主催の研修会に出席したことを報告書に書いて提出した。教育委員会では教員の研修は組合主催のものを除くとしている。それに出たこと、それを許可したことへの質問であった。服務関係は教頭の管轄事項であるが、私はすぐピンときた。次があるなと。予感通りその尋問は、以後気をつけるようにで終わった。

次に担当者はこう切り出した。先生の学校では教育委員会の通知を守っているかと。そこから日の丸・君が代への対応についての尋問が始まった。私は障害児の学校では、子どもの命の安全が最優先であり、片時も目を離すなと教員に指示を出した。抱え込んで一緒に座らなければ騒ぎだし飛び出していく子どももいる。それを疑うなら学校に見学に来てほしい。そして全国民の敬意の対象である天皇と、その存在すら無視される障害者とは、同じ人間であって、命の重さが違うなどということがあってはならない。天皇の死を全国民が悼む一方で障害児の命が軽んじられるなど許されることではない。率直に言って、日の丸・君が代より命の安全が重要な課題なのだと。

担当者は私の話を聞きながら、先生がクリスチャンであることは存じている。だから日の丸・君が代に反対するのも理解できないわけではない。だが立場を考えてほしい。県立学校の中で一校だけが教育委員会の通知に従わないのであれば混乱が起きる。このようなことは二度とないようにと。

その時私は思った。もし、教育委員会が私に何らかの処分を与えようとするなら、担当者ではなく、課長か部長に尋問させたであろう。最初の段階で大きな事件にはしないという暗黙の了解があったのだ。私はその後も日の丸・君が代問題では同様の対応を取ったが、何も起こらなかった。東京都や大阪市であれば、私は処分されていただろう。神奈川県ではそれを避けたということだ。日の丸・君が代に抵抗した公立学校校長は大きなニュースとして取り上げられる。広島県世羅高校の校長が、卒業式前日に日の丸・君が代を苦にして自殺した事件があった。もし私を処分していたなら、ニュースになるだけでなく、抵抗の校長としてヒーロー扱いされ担ぎ上げられることが起こったかもしれない。穏便に済ませようとする教育委員会の思惑が読み取れた。

もちろん、その代償はあった。私は校長会会長の職を務めた。退職後、教育功労賞に私の名前はなかった。教育功労賞は慣例として校長会会長が受けるものとなっている。まして教育行政に一〇年以上関わってきて、それなりの実績があるとの自負もあった。だが、長い受賞者の歴史の中で私だけが除外された。それは当然のことであった。教育委員会に弓を引き、天皇に対する敬意を欠いた人間だったからに他ならない。もちろん、叙勲の選定からも外された。叙勲は退職後に社会的貢献者の中から選ばれるもので、天皇に近い地位（位階）から与えられる。天皇制自体を否定している私が叙勲を拒否する前に、私を外したのだ。

私は内村鑑三の言う岩のような気骨を持った信州人キリスト者には遠く及ばない。ただ、自分なりの信念を、取るに足りない小さな形で発信できたのも、妻の牧師や教会員の祈りがあったからである。

退職した後、教職員組合から依頼があった。神奈川県でも日の丸・君が代問題で訴訟が起きている。組合側の証人として法廷で発言してほしいというものだった。神奈川県の校長の中でただ一人はっきりと日の丸・君が代を批判し、県の通達に服さなかった校長であること、その抵抗の心情を、多くの人々の前で語ってほしいという依頼であった。結論から言えば私が法廷で語ることはなかった。日程の調整がつかなかったこともあるが、日の丸・君が代への抵抗は、私自身の闘いにしたかったという思いがある。みんなと一緒に闘うというより、私自身の個人的な闘いに留めたかったからである。あくまで一キリスト者教師の闘いでよいと考えたのである。神の前で誠実に生きたか、神以外のものに膝を屈しなかったか、それが私に問われていると思ったからである。徒党を組んで闘うのではなく、信仰の闘いと考えたのだ。

二〇二三年六月一七日（土）、藤沢市民会館で開催された映画『教育と愛国』の上映会に参加した。二〇一七年七月に毎日放送が「映像17」で放送したドキュメンタリー作品である。この年、文科省は教科書検定の結果を発表し、一八年度から正式教科となる「道徳科」の小学校教科書が初めて申請され、八社二四点が検定に合格した。

当時話題になったのは、「国や郷土を愛する態度」として不適切であるとされた教科書が「パン屋」を「和菓子屋」に変更したことが伝えられて、全日本パン協同組合が抗議する事態が起きたことである。映画の中では、倒産に追い込まれた大手教科書出版社の元編集者や慰安婦問題等の加害の歴史を教える教師が登場する。映画を見て感じるのは、国の意向に反対する意見や主張は、すべて「反日」「売国奴」のレッテルが貼られ、バッシングを受けるということである。日本学術会議任命拒否問題はその典型的な例である。それを率先していたのが安倍晋三元首相である。ものが言えない時代になっている。

二〇二三年七月三日付けの朝日新聞は、大阪市吹田市教育委員会が市内の小・中学校に「子どもたちは君が代の歌詞を暗記しているか」という調査を実施したことに対して批判的な社説を載せた。調査は二〇一二年に開始され、今回が五回目であった。君が代斉唱は一九九九年の国旗・国歌法の制定の際に、「国民に義務を課すものではない」、「児童・生徒の内心に立ち入らないようにする」との文言があった。この調査に関して吹田市の市長が「適切ではなかった」と述べた。吹田市教育委員会では、特定の市議から「君が代の暗記状況」について質問があったことから調査を実施してきたという。吹田市の後藤圭二市長は、「内心の自由を侵す可能性があると想起させるような行為で、それを把握して次に何に使うのか、そこを誰もが考えるので、その行為は適切でない」と述べた。大阪府では大阪維新の会によって、公立学校の教職員に君が代の起立斉唱を義務づける条例を作り、従わない教員への処分が相継いだ。

安倍晋三元首相を大阪維新の会が高く評価していたことは知られている。選挙でその維新の会の得票率が上がることは、内心の自由も戦争反対の意思表示も封じられる国になりつつあることを示している。こんなことで本当によいのだろうか。

先日の映画上映会の出席者は一六六名であると後に公表された。だが、出席者の大半が私のような老人たちであった。この国は大丈夫なのか。再び戦争ですべてを失わなければ覚ることのできない国民になっているのか。そのような国民つくり出そうとしている国の流れを、私たちは小さな抵抗を集めて、止めなければならない。

再びバルトの言葉。


キリスト教倫理のなしうる最も重大な貢献は、この問題（戦争責任問題）を一般の政治的、道徳的な論議から引きずり出して、個人的な問題に置き換えるという点にある。あなたは今までこの問題において、何をしてきたか。また何をさせてきたか。あなたは今何をし、何をさせているか。そしてあなたは将来、この問題について何をしようと思い、また何をさせようと思っているか。(5)

第6章　非戦の障害児教育

1　社会に役立つ人間育成の危うさ

障害者差別の根底にあるのは、「社会に役立つ者」のみに価値を見出す「人間有用論」であり、その基準に従って人間を選別する優生思想である。社会的に自立して働いて社会に貢献できる者こそ生きるに値する者という考え方である。日本社会における「優生思想」は長く社会の隅々にまで行き渡り、役に立たない者は価値のない存在と見られてきた。既に見てきたように教育の世界でも、障害児教育が通常の教育から排除され、軽視され、二級の教育、三等の教育と蔑まれ、その結果様々な差別、排除、偏見にさらされてきた。

日本社会はその根底に差別要因が多く存在する「差別社会」である。日本人の持っているアジア民族に対する人種差別、すなわち日本民族こそが「アジア民族の頭」であるという優等意識が明治維新以降国民の意識下に根を下ろした。その結果、他民族をどれほど苦しめても構わないという奢りを生じさせ、彼らを指導し、教育し、彼らを文明国民にすることが日本人のなすべきことであるという傲慢な意識が、明治維新から第二次大戦にかけて国民の間に形成されてきたのである。それは一部の政治家、軍人に限らず、一般の国民の間にも拡大していった。そうでなくてどうしてあれほど残酷で非道な侵略戦争ができたのか。国民の意識の根底に、アジアの他民族を劣等民族と位置づけることがなければ理解できない。国家を奪い、言語も名前も奪い取った朝鮮併合や、ナチスのホロコーストに比せられる南京大虐殺も、根底にあるのは、日本人は優れた民族だからアジアの諸国を支配しても構わないという優越思想である。

かつて本多勝一は、アメリカのアジア民族蔑視、即ち民族差別があるからこそ、ベトナム戦争における枯れ葉剤作戦やダムダム弾の使用があったと主張した。アメリカ人のアジア人蔑視は、国内の黒人差別と連動している。

アメリカの国家政策には、常に人種問題が存在した。奴隷制を擁護する立場や人種隔離政策また移民排除政策の賛同者たちは、黒人やマイノリティには異常が多く見られるという報告を作成し、人種差別を正当化してきた。精神障害者の判定には人種差別が根強く残っていて、DSM（精神疾患の診断・統計マニュアル）にもその痕跡を見ることができる。

一八四〇年に行われた国勢調査によれば、精神障害者一万七四五六人中、白人が一万四五二一人、黒人が二九三五人である。黒人の占める割合は、一六・八八％である。精神病は決して黒人に多くはない。だが事実はいつのまにか歪曲されていく。精神障害者の割合を比較すると、北部の自由黒人が南部の黒人の一一倍になっていることから、奴隷制が南部の黒人の正気を保っているという奇妙な言説も生まれた。

上院議員で副大統領も務めたジョン・カルフーンはこう述べた。「だから奴隷制が必要なのだ。黒人は自立できず、自由という重荷で狂気に沈んでしまう。彼らを精神の死から守ることこそ慈悲なのだ」と。

このカルフーンの言葉は、映画『アミスタッド』に登場する。アミスタッド号事件を題材にしてスピルバーグ監督が一九九七年に制作した作品は、一九世紀半ばアフリカから奴隷として拉致された黒人が反乱を起こし、非人道的な奴隷制度の廃止を求めて闘う人々の活躍を描いた映画である。奴隷制度は黒人を救う唯一の道だと説く上院議員のご都合主義で自分たちの利益しか考えない言説に、現在のアメリカの差別的で人権無視の社会状況が重なってくる。ただそれでも、奴隷廃止のために闘う人々がいたことにかつてのアメリカの良心を見る思いがする。

その後、アメリカでは奴隷制を擁護する医師たちが、黒人はいかに異常であるかという「研究」を次々と発表していく。例えば、内科医カートライトは、「ドラペトマニア」(「逃亡者」と「狂気」の合成語)という病名をつくり、黒人奴隷が逃亡するのは怠け病が根底にあると断じた。また、「黒人異常感覚症」という病名をつくり、黒人の持つ虚弱体質の治療のために新鮮な空気のもとでの重労働が有効だと述べた学者もいた。生物学的な差異をことさら強調する人たち、例えば骨相学者たちは白人と黒人の頭蓋骨の違いについて研究し、その結論として、黒人たちは精神障害、犯罪、社会的逸脱に陥りやすいと主張した。

精神疾患の診断基準は、国家の政策の方向性と無関係ではなく、否、政府が望ましいと思う方向に沿って展開され決定された。[1]

障害差別も人種差別と深く結びついている。否、一つの差別は他の差別と絡み合い、差別問題をよりいっそう複雑なものにしている。「白人の優位性」を信じる黒人差別は、日本人の中にも浸透している。白人に対しては卑下する傾向がある一方で、黒人やアジア人に対しては尊大な態度を取る。中国人を「シナ人」呼ばわりする者や、朝鮮人に対するヘイトスピーチなどは、日本におけるレイシズム（人種差別）の典型である。

私の友人の在日朝鮮人である崔勝久氏は著書の中で、在日朝鮮人を指して川崎市長が語った言葉を引いて次のように述べている。

当時の川崎市長阿部孝夫は、二〇〇二年の当選直後から、公の場で繰り返し「外国人は準会員」と発言してきた。阿部市政は「多文化共生社会の実現」を市の方針として発表した。多文化共生を目指した阿部市政がなぜ「外国人は準会員」と発言し、それに対する異議や抗議を無視してきたのか。

阿部市長は、外国人には参政権がないという理由から「準会員」と発言したのではない。二〇〇二年のインタビューでこう語っている。「国家というものは戦争をするときの単位」であり「自治体は国権に関わる業務の一部を担っている」。参政権があろうがなかろうが、いざというときに戦争に参加しない外国人は、国民国家の大原則として、日本人と同じ「会員」とは認めがたいということなのだ。この「準会員」発言に対して多くの批判、要望が出されたが、崔氏によれば、この戦争参加の部分については全く触れられていなかったという。

この「国家を戦争する単位」とする国家観こそが問われるべきではないのか。外国人が戦争に行かない人たちなら、障害者、高齢者、女性もそうである。さらに住民票がなく税金を納めていない野宿者は「非会員」となる。

このような阿部市長の発言に対し、上野千鶴子氏はこう述べた。「『会員・準会員』という言葉は、戦前の『三等国民』や『二級市民』と全く変わりません」と。(2)

戦争に参加できない者は究極的に社会に無用な者だとの考え方に行き着く。障害者はまさに「戦争に行けるか否か」の基準で言えば、社会に無用な者の典型となる。だがそれは障害者に留まらない。高齢者も女性も野宿者も兵隊にはなり得ない。

既に述べてきたが、私が障害児教育の教師になったのは、自分に障害があったからである。小児結核による病弱、吃音、色覚異常である。三重の意味で私は生まれつき「無用な者」の烙印を押されるべき人間であった。この中で色覚異常について述べる。

作られた色覚異常

色覚異常は遺伝性の障害で、色盲と色弱があり、日本の男子には四・五%、女子はその十分の一程度に現れる。人間の色の感覚は、赤、青、緑の三色の感覚の合成であるが、この色感覚の感度の低いもののうち、赤の感度の低いものを「赤色弱」、緑の感度の低いものを「緑色弱」、両者を「赤緑色弱」という。個人差もあるが、赤と緑が区別できないということはない。一般的には暗いところで緑が茶色に見えることもあり、また判読するのに時間を要するということである。よく考えれば、「異常」と呼ぶほどのものではない。現在の研究では、約四〇％の人に何らかの色覚異常があると言われている。人口の四〇％を異常とは言わない。

二〇一七年、日本遺伝学会は「先天性色覚異常」について異例のアナウンスを行なった。「色覚異常」は「異常」ではなく「多様性」と捉えるべきであると。以後、新聞やネットから「色覚異常」の言葉が消えた。(3)

かつて「色覚異常」は中学・高校の教科書に取り上げられた。一つは職業適性に関してであり、もう一つは遺伝に関してである。色覚異常と職業については、「身体的欠陥と不向きな職業」の一覧があり、「画家、工芸家、医師、薬剤師」等が記載されている。遺伝に関しては、先天色覚異常がはっきりした伴性遺伝であるため、遺伝の法則を学ぶために取り上げられた。昭和二九年の『健康生活』では「良い子孫を残そう」「正しい結婚」の項があり、このように述べられている。「遺伝学的に健康な家系であるかどうかをよく調べて結婚することは大切である」と。教科書に書かれているため、心ない教師によって「色覚異常者とは結婚するな」と指導された実例が多くあった。

この背景にあるものが優生学・優生思想である。ドイツやアメリカの優生思想は知られているが、日本では戦後の一九四八年に成立した優生保護法によって本格化した。同法によって本人の同意なく強制的に不妊手術を受けさせられた数は二万五千人を越えると言われている。人権が無視された時代に、「社会のため、本人のため」という理由で不妊手術が行なわれたのだ。「色覚異常者」も学校の教科書に書いてあることを公の根拠として、「不用意に結婚したり、子どもを産んだりすることは避けなければならない」と言われ続けてきたのだ。

『つくられた障害「色盲」』（高柳泰世著、朝日新聞出版、二〇一四）の帯書きにこうある。「三百万色覚異常者　怒れ！」と。「色覚異常者」たちが怒るのは当然である。毎年多くの生徒たちの前で検査が行なわれ、その度に「異常者」であると宣言され、蔑視や差別を受ける。色覚異常者の人権などあったものではない。教育制度の一環として「色覚異常者」は公然と差別され続けたのだ。その悔しさ、悲しさは当事者の私がよく分かっている(4)。

「色覚異常検査」は、一八九七年に「学生生徒身体検査規定」が作られ、学校で身体検査が実施されるようになって生まれた。富国強兵時代に、強い兵士や労働者を育成するという目的があった。その検査が「石原式色覚異常検査表」である。生みの親は陸軍軍医監であり後に東大教授となった石原忍である。彼はその功績によって朝日新聞の「朝日賞」を受賞した。

だが、よく考えてみればこの「色覚異常検査表」は、軍人をはじめとする色彩を扱う職業人になれるか否かの判定表である。極論すれば「戦争に参加できない人間」をあぶり出すためのものであった。戦争を推進する目的の下に相応しくない者を排除するためのものであった。

私はこの事実を知るに至って、戦時中に生きていたら兵隊になることを免れたのではないかと思った。「世の中に役立つ」「お国に役立つ」人間から外れることが、当時としては不名誉なことであったが、むしろ戦争に参加できない者である自分に誇りを感じた。戦争協力者は犯罪者だ。障害者は兵士になれないから戦争犯罪人とはならない。その点を心底受け止めなければならない。

2　障害者は無用で無意味な存在なのか

ベーテルの奇跡

「ベーテルの奇跡」と知られている物語がある。ベーテルは北ドイツのルール地方にある、小さいけれど福祉で有名な町である。そこには建物や通りの名前が聖書から採られている巨大なコロニーがあった。障害者のための職業養成機関、郵便局、「ディアコニッセ」と呼ばれる奉仕女性の人々の拠点となる家、アリマタヤと呼ばれる墓地などがあり、町そのものは「愛の町」と呼ばれていた。

この福祉の町は最初からあったわけではなく、F・ボーデルシュヴィンク牧師が、自分の子どもを次々に伝染病で失う悲しい経験を通して、一八六七年に一件の農家を借りて五人のてんかんの子どもたちを引き取って共同生活を始めたのが、大きなコロニーの出発点であった。

このベーテルが有名になったのは、ヒトラー政権下で二〇万人の障害者と六〇〇万人のユダヤ人の大虐殺が起こったが、ベーテルではヒトラーの命令に従わず、最後まで障害者抹殺に抵抗したことが明らかになったからである。

ある日本人牧師が訪問した施設では、脳性マヒの人が車椅子で案内してくれて、最後に「この人こそベーテルの宝だ」と紹介してくれた男性が一番奥のベッドに寝ていた。その人は五〇センチほどの大きさで、全く動くことも喜怒哀楽を表わすこともなく、五〇年以上そのように過ごしてきたという。ヒトラーの「T4作戦」では、四名の医師が署名すれば障害者を安楽死させることができたが、ベーテルでは「障害者を殺すなら先ず私たちを先に殺してほしい」と捨て身でこの人を守り抜いたという。障害者を社会に無用な存在として抹殺しようとしたヒトラーに対して、「この人こそベーテルの宝だ」と声を上げ、命を賭けて守り抜いた人々がいたことに驚きを感じる(5)。

ただし、このベーテルでさえユダヤ人の患者七名とドイツ人患者八七名がナチによって連行され、殺害されたと伝えられている。このほかにも、一〇四九人の断種手術が行なわれたという。ベーテルもナチの障害者抹殺に敗北した事実があったのだ。それを「ベーテルの敗北」と呼んだり、牧師がナチスに迎合した結果だと主張する人もいる。だが、ベーテルの責任者ボーデルシュヴィンク牧師は、ヒトラーの主治医であり安楽死作戦の最高責任者であったK・ブラント博士と三度にわたり交渉の時を持ち、その結果当時三〇〇〇人いた患者の大部分は犠牲にならずにすんだ。ナチの安楽死命令の基準である「精神的交流の能力を持たず、労働能力のない者」に最も該当する人たちが、命を長らえたのである。

ヒトラーの命令に抵抗し、体を張って障害者を守り抜いたものは何であったのか。そこには、お国の役に立つ者だけに生きる意味があるとする価値観を根底からひっくり返すものがある。自分の命を自分で守ることもできない人、それは世の中で最も弱い人である。このベーテルの障害者に人々は何を見たのであろうか。それは日本人の戦時中の姿とはあまりにかけ離れている。

プーチンのまやかし、同罪の日本

二〇二二年一一月二五日、ロシアのプーチン大統領は、戦死した兵士の母親たちの前でこう述べた。

「息子を、子どもを、失った悲しみは何ものにも代えがたいことを我々は理解している。特に母親にとっては。この子をこの世に生んでくれたことを、我々全員有り難く思っている」と。そしてプーチンはある母親にこう述べた。

「人間は必ず死ぬものだ。ロシアでは年間三万人が交通事故で死んでいるし、ウォッカの飲みすぎで全く注目されずに人生を終える人もいる。でも、あなたの息子は本当の人生を生き、目的を達成した。無駄な死ではなかった」と。

この言葉を聞いて私たちはどう思うだろうか。戦争で死ぬことは無駄死にではない、国家に命を捧げた尊い人生であり、尊い死であったと、本気で思うだろうか。かつての日本を思い浮かべた人も少なくないのではないか。

ロシアやイスラエルの行なっている大量虐殺・人間の尊厳の無視に対して、日本人がどうして非難できようか。かつて日本は同じことを行なっていたのだ。そのことを認め、悔い改めなければ他国を非難することはできない。自民党の政治家たちは日本を「神の国」「美しい国」などと言ったが、どこにそんなものがあったのか。

侵略戦争に駆り出されて死んだ兵士を日本では「英霊」として奉っている。だが死んだ兵士は戻ってはこない。彼らは人生を全うしたと考えられるだろうか。

学徒出陣した学生の残した手紙や手記がある。私の母校である中央大学も戦時中は卒業を切り上げ、学徒出陣に参加し、多くの学生・教師が戦場に送り込まれた。「中央大学在学生戦没者名簿」には、四〇一人の学生戦没者の記録が記載されている。『きけわだつみのこえ』から二人の中大生の手記を辿る。

大塚晟夫さんは一九四五年四月二八日に特攻隊として沖縄に出撃、二三歳の若さで命を落とした。四月二一日の手記（死の一週間前）にはこう綴られている。

　はっきり言うが俺は好きで死ぬんじゃない。何の心に残る所なく死ぬんじゃない。国の前途が心配だ。いやそれよりも父上、母上そして君たち（姉妹）の前途が心配だ。心配で心配でたまらない。皆が俺の死を知って心定まらずに悲しんでお互いくだらない道を踏んでいったならば、俺は一体、どうなるんだ。(6)

大塚さんは、この後出撃するまで手記を書き続ける。だが、死の直前になると、親姉妹に清々しい心を見せようと、皇国軍人に戻る。

「さて、俺はニッコリ笑って出撃する」「勇敢にしかも慎重に死んでみせる」とある。だが、「俺は好きで死ぬんじゃない」という本音は、生への渇望であり、無駄死にはしたくないという願望である。特攻隊で死のうが、兵隊として死のうが、国の戦争のために死ぬことは嫌だと素直に表現している。特攻隊は死を決した武士の潔さを持つというが、自分の人生がこれで終わることに納得をしていない。まだ二三歳、始まったばかりの人生である。生きてやりたかったことがあったに違いない。どんな職業に就くか、どんな女性を妻にして子どもたちに囲まれた家庭生活を送るのか、多くの人たちとの出会いがこれから待っているのではないか、様々に想像を巡らすこともあっただろう。

死にたくないは本音の言葉である。しかもそれを何度も漏らすことは許されないと自覚して、最後には全てを呑み込んで死地に赴いた。本音や弱さを表わすことを許さない社会。それは間違った社会なのだ。

上村元太さんは一九四五年四月二一日に大塚さんと同じ沖縄で命を落としている。手記全体を通じて戦争や軍隊への嫌悪感を明確に示している。彼は幹部候補生の試験に落ちることを願ったが、悲運にも合格してしまう。その試験当日の手記にはこうある。

概ね○点に近い。とにかく落ちねばならぬのだ。員数で乙幹（幹部候補生）にでも引っかかったら事だ。後は召集解除の夢を追うのみ。幾多のジレンマを経たが、とにもかくにも一度自由な空気にあたりたい。次の野戦の招集まで、たとえ一ヶ月でもシャバにいたって（意味不明：筆者）。親孝行を、文字通り親孝行をして、旅行をして、静かなおのの不幸な世に生まれついた身を淋しがって……清い涙を流して……然して死ぬのだ。(7)

彼は幹部候補生になることを徹底的に嫌い、口頭試問では大胆にも敵国アメリカを評価して軍人と議論したという。しかし、ギリギリの点数で合格してしまう。

誰もがお国のために命を捧げた時代なのだと後世の人たちは言う。だが、喜んでそうしたのではない。上村さんのように、軍隊を嫌い、幹部候補生になることに消極的だった人もいる。そのような人たちは決して少なくはなかったであろう。特攻隊に入って命を落とした人を英雄として名を刻み、靖国神社に英霊として奉る。本人はそれがどんなに嫌なことかを私たちは疑うこともしない。全体主義国家とはそういうものなのだ。

プーチンは、自動車事故や酒で命を落とすことに比べたら、国の戦争で死ぬ方がはるかに価値があるという。ロシアの若者にも、戦争に行きたくなかった者、生きてやりたいことがあった者もたくさんいるだろう。それを全て「お国のため」の一言で言いくるめ、それに勝る価値はないという。

プーチンを批判する者は、かつての日本も同様のことをしたことをどう考えるのか。傷つき亡くなる多くのウクライナ市民を見てロシアの残酷さに怒りを感じるならば、過去の日本が犯した戦争責任をおざなりにできないはずだ。今再び戦争に向かって国が動き出している。本当にこのままでよいのか。この国の指導者たちのやりたいようにさせて良いのか。

お山の杉の子

戦時中に生まれた「お山の杉の子」という唱歌がある。敗戦直前の一九四四年、小国民文化協会が学童疎開中の子どもたちを元気づけるために「少国民歌歌詞」を懸賞応募し、選考の結果選ばれた歌である。

それは単なる子どもの唱歌ではなく、戦意高揚を目的とした。戦後は、元の歌詞を変更して、駐留軍の了解を取り付けて国民歌として再登場したから、敗戦の三年後に生まれた私にもなじみ深い、よく知っている歌である。元歌の一、三、六番の歌詞は次のとおりである。

一　昔　昔　その昔
椎の木林の　すぐそばに
小さなお山があったとさ　あったとさ　あったとさ
丸々坊主の　はげ山は
いつでもみんなの笑いもの

これこれ杉の子　おきなさい
お日さまにこにこ　声かけた　声かけた

三
こんなちび助　なんになる
びっくり仰天　杉の子は
思わずおくびを　ひっこめた　ひっこめた
ひっこめながらも　かんがえた
なんの負けるか　いまにみろ
大きくなったら　国のため
お役に立って　見せまする　見せまする

六
さあさあ負けるな　杉の子に
勇士の遺児なら　なお強い
体を鍛え　頑張って　頑張って
今に立派な　兵隊さん
忠義孝行　ひとすじに
お日様出る国　神の国
この日本を　守りましょう　守りましょう

元歌の歌詞を見ると、親が戦地に行ったり傷痍軍人となったりした子どもたちを対象にしているようにも見える。この歌からは敗戦直前の日本の様子が見えてくる。なぜ杉山がはげ山になったのか、杉が戦時中に多く切り倒されてはげ山になったと想像がつく。その山を見た者は「笑いものにする」とある。木が切り取られたはげ山は、世の中で馬鹿にされ、笑いものにされる。私には、使いものにならないはげ山が障害者のイメージと重なって見えてくる。「馬鹿にされ笑われる存在」、それが障害者である。そこに小さな杉の子が生えてくる。みんなの期待を一身に背負わされた杉の子。その杉の子がこう言うのだ。

「何の負けるか、今に見ろ、大きくなったら国のため、お役に立って見せまする」と。

世の中で馬鹿にされ笑われてきた杉の子は、成長して「お国のために役に立ってみせる」と誇らしげに語る。役に立つ人間とは、具体的には「お国のためになる人間」を指している。それは兵隊になることなのか工場労働者になることなのかはともかく、そこにいるだけの存在では国のためにならない。明らかに国民として価値が認められるのは国に所属し、国からその働きが期待され、それに応える者でなければならないのだ。

この歌は戦意高揚の唱歌であり、敗色濃厚な時代的背景を負っている。今すぐには役立たない小さな子どもたちを鼓舞して、身を挺して国のために生きたいと思うようにさせる歌である。

戦後になって、この歌は歌詞を変えて再登場した。「国のため」を「皆のため」と、軍国主義の色を消して人々に親しまれた。だが、「国のため」が「皆のため」に変わろうが、誰かのために役に立つことのみに意味があると主張することに変わりはない。

3　非戦の人

障害者とは誰か。障害者とはいったい何者なのか。私は障害者とは畢竟「非戦の人」であると考える。戦わない人、戦争に参加しない人である。障害のある人たちとの関わりの中で生きてきた私は、障害者とは「非戦の人」つまり他者とは戦わない人であると定義する。

「障害者」という呼称については現在でも様々な呼び方がある。「障害者」は、「差し障りがあり、害する者」との意だから名称を変更すべきとの意見は強い。だが、福祉や教育の用語として法律によって規定されているものとして、今日でも使用されている。

アメリカでは、一般的には「disable」「handicap」などと言われるが、いずれも否定的な表現であることから、「challenged」と呼ぼうという人たちも増えてきて、「チャレンジド」の名を冠した施設や就業支援事務所も出てきている。

「チャレンジド」はかつて民主党内閣の鳩山首相が使用したことで一躍知られるようになったが、二〇〇九年にＮＨＫのテレビ番組で、同名のドラマもあった。失明した中学校教員を巡る物語である。「チャレンジド」には、挑戦すべき課題や才能が与えられた人の意味があり、全ての人は生まれながらに自分の課題に向き合う力を持ち、むしろその課題が大きければ大きいほど、向かい合う力がたくさん引き出されると言われる。

だが、この言葉からは何か行動的で意欲的な人間を評価する価値観が感じ取れる。何もしなくても良い、そのままでよいというメッセージはない。しかし、そこにあるがままで良しとするものがなければ、障害者はいつも後ろからせっつかれているように感じてしまう。

私はむしろ、何もしなくても、何も主張しなくても、まして意思表示のデモンストレーションやスピーチなどしなくても、ここに生きていること自体に意味があると、その存在が示しているもの、それが「非戦の人」ではないかと思う。戦争に参加できないようにされていること、戦争に協力できない者が示すものは何か。それは、「人がお互いを殺し合う無意味な戦争を止めろ」という、存在そのものの訴えである。戦争に参加し、人殺しの大罪を犯し、ものを破壊し尽くすことに対し、存在によって明確に「ＮＯ」の意思表示をすることがどれほど尊いことかと思う。翻って健常者とは、兵士になって人を虐殺し、その手柄によって英雄に祭り上げられる存在ともなる。「兵士」になる人間と、「兵士になれない人間」ではどちらに人の貴さがあるのだろうか。

「障害者」とは何もできない社会的に無用な存在ではなく、「兵士になれない尊い存在」なのである。「人を殺せ殺せ！」と大音声で呼ばわる軍人、政治家、そして愚かな宗教者のかけ声を聞き流し、「お国のために役に立つ」ことのできない者こそが、真に評価される。なぜなら、「汝殺すなかれ」や「殺生禁止」の神の教え、仏の戒めに従い、神の罰、仏の罰を身に負うことのない人たちだからである。

障害者こそ、非戦の人々なのだ。

養護学校の教員は自殺を最も嫌う職種の人間であると言われている。重い障害で自分の体を動かせず、思いも人に伝えられない。その中を必死で生きている。教師たちは彼らが生き続けることをありったけの力で応援する。だが、力尽きて幼くして亡くなっていく子どもたちもいる。私は亡くなった子どもを思って涙する教員たちを何人も見てきたし、自分もその一人であった。生きたくても生きられない子どもたちがいる。その厳然とした事態を前にして教員は生きる楽しさを一緒に模索する。どうやって笑顔を引き出すか、どうやって嬉しいと感じることができるかと。

だからどんな理由があるにせよ自殺は許せないと思うのだ。もちろん自殺を選ぶ人たちにはそれぞれに理由があり、苦しい事情があっただろう。それを理解した上で、しかしなお自殺は許せないと感じる。苦しくても自殺できない子どもたちがいる。だから、障害児教育の教員たちは、自殺できる人たちの特権に否を叫ぶ。

こんな実例がある。私が大学教師であった頃、一人の女子学生が私のゼミに入ってきた。彼女について保健室の相談員から事前に状況説明があった。高校二年時と大学一年時に自殺未遂を起こしたということであった。私の前でも無口で暗い表情の彼女が何かに追い詰められている様子が見て取れた。私は臨床心理士でもなく心理学に精通する者でもない。ただ、私には中学校の特殊学級で様々なニーズのある生徒たちを指導してきた経験がある。虐待や捨て子、家庭環境の貧しさが背景にある不登校や非行の生徒が少なくなかった。

私は彼女のために特別指導を行なうことにした。一つ目は、「気づきの楽しさ記録」である。毎日、どんな小さなことでも「楽しい、嬉しい」と思えることを生活の中から掘り起こして文章化することである。道端の草花や鳥の声、風景で心がほっとした瞬間、幼児が笑っている場面などに注目させるようにした。日常の中に生きる楽しみがあることを気づかせようとしたのだ。二つ目は、養護学校のボランティアである（本人には授業体験と伝えた）。知り合いの校長に頼み込んで、最も障害の重い子どもの担当になるように依頼し、肢体不自由と知的障害を併せ持つ重複障害児を担当することになった。彼女は時々私の研究室を訪ねて、指導法を尋ねるようになった。三年時の九月から卒業まで週二日の授業体験を一年半続けた。彼女は私に最後の報告会でこう述べた。

「私は今まで何度も自殺未遂を図ったけれど、養護学校で重い障害の子どもが必死で生きている様子を間近で見て、自殺しようと思ったことが恥ずかしいと考えるようになりました」と。また、その学級の児童が年度途中で亡くなったこともあった。彼女はそのことにどれだけの涙を流したかを語った。

卒業後、彼女は障害者施設に就職し、今ではそこで中心的な役割を担っている。障害者は何もできない存在ではなく、人を生かし、人に力を与える存在なのだ。このことを私たちは知らなくてはならない。

しかし、障害者が戦争に参加・協力した事例がある。

「岐阜県立盲学校の戦争協力」（ＮＨＫハートネットＴＶ　二〇二〇年八月一五日放映）で、視覚障害者が戦争協力したという映像があった。盲学校の生徒たちが「空の監視」に駆り出されていたのだ。昭和一七年、岐阜盲学校は陸軍大臣東条英機に宛てて、「盲人を聴音兵にしてほしい」と嘆願書を出していた。

「聴音兵」とは「敵機爆音」を聞き分け、人々を防空壕へと促す兵士の役割であった。『点字毎日新聞』に次のような文章が載ったという。

「研ぎ澄まされた我らの耳、晴眼者に勝るとも劣らぬ聴覚、十万盲者はこの有力なる武器で本土を狙う敵を一機も皇国の空に入れてはならない」。

学生たちは、毎日繰り返し「敵機爆音集」のレコードを聴き続け、訓練を積んだ。

盲学校の校長は全校生徒を運動場に集め、校長が「一つ」というと、生徒全員が「我らは常に感恩報謝の念をあつくして、君国に奉仕すべし」と声を揃えた。背景には、盲人は社会から認められない存在であり、「穀潰し」「役立たず」と罵られ続けたことがある。だから社会に少しでも報いようと子どもたちは励んだという。戦意高揚というよりは、そこまで障害者を追い詰める社会の不条理で悲しい話である。

確かに視覚障害の人には、音を聞き分ける能力が飛び抜けて優れた人もいる。私自身が盲学校に赴任して驚いたことがある。教頭は全盲であった。職員会議で議事を進める役割を教頭が担っていたが、会議中に発言を希望する者が「はい」と言って挙手をする。その声で教頭は「○○先生」と指名するのだ。八○人の教員の声を聞き分けることに私は仰天した。さらに驚いたのは、廊下を歩いている私のずっと先にいた教頭が振り向きざまに「校長先生」と声をかけたのだ。足音を聞き分けるとは何という優れた音感なのか。この経験から、岐阜盲学校の敵機爆音の聞き分け能力は本物だと思った。

さらに盲学校の生徒は、授業で学んだマッサージ技術をもって県内各地を巡り、軍需工場で働く労働者たちに施術したという。マッサージを受けた人は一年に四○○○人を超えたとある。これを受けて国は新たに「海軍技療手」という職種を設けて全国に募った。

これらは、新聞などで「盲人でさえ」「目が悪くても」と、お国のための奉仕美談に仕立て上げ、戦意高揚を図ったのである。盲学校生徒の戦争協力は、社会に役立たない盲人と言われ続けたことへの反発に起因している。障害者をそこまで戦争に駆り立てる社会のあり方こそ問われているのではないか。戦争ができないことはむしろ人として尊いことなのだと教えることが叶わない時代であったのだ。

繰り返し言おう。障害者とは戦争に参加できないように定められている人のことである。文字通り「非戦の人」なのだ。

私はキリスト教会の牧師である。以前に、障害の神義論をテーマとする本を書いたことがある。神義論とは、絶対者である愛の神がいるのに、なぜこの地上に「悪」と呼ばれるものが存在するのか、という難問と取り組む。私は長く障害のある人たちと関わりながら生きてきた。障害は悪ではない。だが、どうして障害はあるのかという問いに、私はキリスト教神学から答えようとした。

ここで障害とは何かを、キリスト教神学の立場で再度考えてみたい。愛の神がいるのに、なぜ障害はあるのか。再度くり返すが、障害は「悪」ではない。あってはならないものではない。この点を最初に明確に確認しておきたい。

私が障害者を考えるときに思い起こす言葉がある。「ケノーシス」である。ケノーシスとは、自己を空しくすること、他者に場所を与えて自分が退くことを意味する言葉である。聖書にこのような言葉がある。

キリストは、神の身分でありながら、神と等しい者であることに固執しようとは思わず、かえって自分を無にして、僕の身分になり、人間と同じ者になられました。人間の姿で現れ、へりくだって、死に至るまで、それも十字架の死に至るまで従順でした。このため、神はキリストを高く上げ、あらゆる名にまさる名をお与えになりました。こうして、天上のもの、地上のもの、地下のものがすべて、イエスの御名にひざまずき、すべての舌が、「イエス・キリストは主である」と公に宣べて、父である神をたたえるのです。

（新約聖書　フィリピの信徒への手紙二章六～一一節）

このキリストの姿を「ケノーシス」という。徹底的に遜り、自分を無にして、最後は自分の命を人のために与えるキリストの謙遜と愛である。聖書は、神がイエスの生と死を通して御自身を空しくしたことと、人間はイエスの弟子としてこの神の愛に参画し隣人のために自己を空しくすることを教えている。だからキリスト教の物語のすべての中心にケノーシスがあるのだ。キリストを信じる者は、徹底的に他者に目を注ぎ、自己の死（今までの自分中心の生き方を捨てること）から、他者のために生きる神の道に足を踏み入れなければならないのだ。ある神学者は、私たち人間は「神の像（かたち）」に造られた者であり、その神は愛なのだから、人間は自己を空しくする愛を選ぶほかはない、という(8)。

だが私は、このようなケノーシス論を障害者論から見るときに大きな疑問を感じる。ケノーシスをキリスト者の愛の行為の原点とすることに対してである。それは行為としての信仰に重きを置く理解ではないのか。

私は若い頃「実存論神学」に傾倒した。ある神学者はキリストの「ケノーシス」を敢えて「無的実存」と訳した。実存とは、人間の主体性の象徴であり、単独者としての自覚であり、他者と共に生きることには無関心である。そうであるならキリストのケノーシスを「無的実存」と訳すと、ケノーシスの本質から外れてしまうのではないか。私はカール・バルトの『教会教義学』を学ぶ中で、デカルトの「コギト」の理解を通して信仰とは何かを学んだ。実存は人間の主体性や自己信頼に基づくものであり、私はバルトとの出会いによって「実存」の限界を理解し、実存論神学を乗り越えた。だから私はバルトとの出会い以降、「実存」という言葉を使わない。人間の主体性などにそれほど重きを置かないからである。むしろ今では、実存は自己絶対化を表わすものと理解している。

自己を空しくして他者のために生きることがキリストの教えであり、神が人間を創造した意味である。だが、分かってはいても、キリストの自己放棄に倣う者として生きるには限界がある。人は徹底した自己中心者であり、自己を絶対化して生きる者だからである。

私はケノーシスのキリストを思うたびに、障害者に心を寄せる。障害者は争わない。戦わない。相手を追い詰めたり、敵視したりすることはない。もちろん、障害者も人間であり、いじめをしたり、悪口を言ったり、仲間はずれにしたりすることもある。人間の持っている性癖をすべて持っている。その意味では周囲の人間と変わらない。

だが、他の人と決定的に違うのは、存在そのものにおいて、戦争に参加したり協力したりすることのできない者として造られていることである。人は戦争に参加し協力する。嫌だと思ってもそうせざるを得ない者として造られている。

岐阜県立盲学校の生徒たちの行動は、戦争協力なのだろうか。聴音兵は敵機の爆撃から人々を安全な場所に移動することのために役立つものであった。マッサージ技術による奉仕は、直接敵を殺す闘いの最も外縁にあるものである。従って、「戦争協力」の一語で括られるものではない。むしろ、「お国の役に立てない者」に対して盲学校の外部から押し付けられた同調圧力に屈して、このような形で戦争協力が可能となってしまったことを示したものなのだ。自分から好き好んでした戦争協力ではない、そう断言できる。

福岡の久山療育園に関わった寺園喜基氏は、イエスを障害者として見ることの重要性を指摘する。イザヤ書に記されている「苦難の僕」は次のようなものである。

見るべき面影はなく、
輝かしい風格も、好ましい容姿もない。
彼は軽蔑され、人々に見捨てられ
多くの痛みを負い、病を知っている。
彼はわたしたちに顔を隠し、
わたしたちは彼を軽蔑し、無視していた。
彼が担ったのはわたしたちの病
彼が負ったのはわたしたちの痛みであった……

（イザヤ書五三章二〜四節）

この「苦難の僕」こそイエス・キリストの予型である。それは「障害者イエス」を端的に示している。マルコによる福音書では、十字架にかけられたイエスは祭司長や律法学者からこう侮辱される。

「他人を救ったが自分自身を救うことができない」（マルコ伝一五章三一節）。

このイエスの無力さこそ、障害者に通ずる。イエスはこの世に望まれる姿をとった救い主ではなかった。あまりに無能で無力である。その徹底した低さの姿は、障害者そのものである。彼はこの世の王ではなく、この世の僕《しもべ》として生まれてきた。争いを好まず、「右の頬を打たれたら左の頬を差し出せ」と言い、「汝の敵を愛せよ」と説いた。この姿こそケノーシスである。ベーテルの施設に横たわり、動くことも言葉を発することもできないあの障害者である。人々はあの障害者のために己が命をかけてヒトラーの安楽死命令を阻止したのだ。ベーテルの人々はあの人の中にこの世の王ではなく、無力な救い主を見た。この世の王の命令など従いたくなかったのだ。いや、それだけではない。恐怖の中の戦いで、「体を殺しても霊を殺すことのできない者を恐れることはない」というイエスの言葉を信じたのだ。

この世で最も無力であるものが、世界を変える。社会のあり方を示す。それを私たちは見ているだろうか。信じているだろうか。障害者こそが社会を新たに作り出すことを。

戦争に抵抗した灯台社について著書のある高坂薫氏は、このように述べている。

戦後の歴史は、一億総懺悔の改悛の風潮の中で、戦争責任問題は風化させられ、逆に全てが被害者のごとき感のする空襲体験記を数多く残してきた。悲惨な体験記が多ければ多いほど戦争反対の正しい倫理の構成につながっていくかのように、ブームとなって空襲体験記は積み重ねられている。これが本当にあの間違った戦争を反省することに正しくつながり、また戦争を知らない世代に反戦思想を植えつけていくことになっているのだろうか。……しかし、十五年戦争の結果として報復的な被害を被った事を考えれば、被害者意識ばかりからの戦争反省に終始しないで、当然加害者であった立場からの反省と、更に戦争遂行の初発の時点で、反戦を唱え、和平をとることも可能であったのではないかといった反省がまず戦争反対の前提となって、今日もっと強く考えられ深められなければならないのではないか。そしてこの二つに対する無反省が、今日の戦争責任の風化と、空襲体験記ブームになっているのではないかとさえ思う。しかも、加害者の立場からの反省とか、戦争に反対するとかの観点で平和を論じようとすることは、どうも被害者の立場へ擬装することを好むわが国の国民性からか人気がない。いや実は、割合好戦的な血の気の多い国民性があるがゆえに関心を寄せようともしないのかもしれないと思われるくらいだ。そして、こんな風潮の反映に馴染んできた結果、よく聞く戦争への感想として多くの人々の言う、「あれは仕方なかった」という言葉がある。この言葉は、まさに二つの無反省を前提に生じてきていると、私には思われる。……体制的には、皇民全てが課せられていた皇国皇軍への忠誠心に呪縛させられていたがゆえに、自己の参戦を責任転嫁させる意味を持って言う言葉であり、さらにまた心情的には、生き残った者の犠牲者へのうしろめたさから、彼らの心情を理解するかごとく戦争を肯定して言う言葉なのだ。(9)

日本は、再び戦争に向かって走り出している。私はこの状況に大きな危機感を抱いている。このまま突き進んで戦争になることを私たちは望んではいない。誰もが平和でどの国とも友好的な関係にある日本の国でありたいと願う。かつて戦前の日本人もそう思っていたに違いない。だが、ある日を境に一斉に国家主義になだれを打ち、ファシズム国家となっていく。本当に誰もそれを止められなかったのか。実際は止めたくなかったのではないか。政治や社会のあり方を批判し、抵抗する人々がいなければ、日本は再び敗戦の憂き目を味わうことになる。既に述べたが、私の友人は今の日本社会を見て、「日本は再び焼け野原にならなければ目が覚めない」と言った。

このまま行けばアメリカに唆《そその》かされて、日本は中国と戦争することになる。そんなことがあるものかと高をくくり、現状を肯定する人々が多い。だが、「自分たちがどれだけ愚かな投票行動をしているか思い知れ！」と叫ぶ学者もいる。(10)

日本国民の好戦性や人種差別を思う時、若い頃に経験した出来事が今も私の中に刺さったまま「棘」として残っている。

それは、私が在日韓国人の教会の方たちと懇談会をしていたときのことである。各人が教会や信仰について自由に語り合う場であったが、突然一人の韓国の方が立ち上がって大声で叫んだ。

「おまえたち日本人は俺たち朝鮮人に何をしたのか」。彼は日本に強制連行されてからの差別と虐待の実態を語り出した。それは聞くに堪えない告発であった。彼は怒りに任せて怒鳴り続けた。私たちは頭を下げてじっと聞く以外に術がなかった。どれくらいの時間が経過したか分からない。別の人が彼を抱えて座らせて彼の怒りが治まった。在日一世の糾弾に、私の教会の長老が立ち上がって何度も何度も謝罪を繰り返した。

二〇代前半に川崎に住むようになって間もない私にとって、朝鮮人差別についてはよく知らなかったというのが正直なところであった。だが、その人の怒りの原因がどこにあるのかは理解した。反論の余地が全くないことも。

怒りに満ちた大声で日本人の戦争犯罪を糾弾されたことは、私の心に深く残った。そして私の人生の中で何度も何度も思い起こすことになった。韓国教会の会堂で日本人の戦争責任を示されたこと。それは天からの神の声のような響きがあった。神の怒りが頭上で炸裂したと感じた。今になってあれは神の怒りそのものだったと心底信じている。この体験が私の心の中心にある「棘」の役割を果たしている。そこから生き方の骨格が与えられたのだ。

強制連行・強制労働という日本の国家的犯罪の被害者が抱く怒りは、障害のある子どもやその保護者、そして路上生活を強いられる人々の持って行き場のない怒りと繫がっている。この人たちの怒りが私を突き動かしてきたのかもしれない。私の人生の原点にある出来事は、五十年前のことであったが、今も心の奥底に人生で最も確かなものとして生き続けている。

注

第1章

（1）『信州教育とキリスト教』（塩入隆著、キリスト新聞社、一九八二年）七―八頁
（2）『戦時下抵抗の研究Ⅱ』（同志社大学人文科学研究所編、みすず書房、一九六九年）一九八頁
（3）『神と愛と戦争』（森下二郎記、太平出版社、一九七四年）二五七頁
（4）『低能概念の発生と低能児施設――明治・大正期における』（寺本晃久著、年報社会学論集14号、二〇〇一年）
（5）『長野県特殊教育史』（長野県特殊教育百年記念事業会、信濃教育会、一九七九年）八九―九二頁
（6）『明治時代の教育雑誌・信濃教育会における滸淆小史の低能生誘導上実際話に関する史的研究』（中嶋忍・河合康著、上越教育大学特別支援教育センター紀要、第25巻、二〇一九年）
（7）『大正時代の教育雑誌・信濃教育会における乙竹岩蔵の特殊教育論に関する教育』（中嶋忍・河合康著、上越教育大学特別支援教育センター紀要、第21巻、二〇一五年）
（8）『信州教育とキリスト教』一七三―四頁
（9）『長野県特殊教育史』六二二頁
（10）『信州教育とキリスト教』一三〇―一三四頁

(11)『満州分村移民と部落差別』(エイミー・ツジモト著、えにし書房、二〇二二年)

第2章

(1)『民権百年』(色川大吉著、NHKブックス、一九八四年)六五頁
(2)『流域の自由民権運動』(府川きよし著、横浜詩人会議出版、二〇二〇年)一一―一五
(3)『かながわ国土記第八三号』(神奈川県、一七九八年)三一頁
(4)『金目の地から大志を拓く――金目の自由民権運動』(平塚博物館、二〇〇二年)二〇頁
(5)『感想録』(宮田寅治著、一九二五年)
(6)『金目の地から大志を拓く』二四―五〇頁
(7)『秋山博と私立中郡盲人学校』(金目エコミュージアム編集、二〇二二年)一―五頁
(8)『創立百周年記念誌――心の松とともに』(県立平塚盲学校、二〇一〇年)一五―一六頁
(9)『療育ハンドブック43　肢体不自由児者の合理的配慮に基づくインクルーシブ教育ってどんなこと』(鈴木文治著、全日本肢体不自由児者父母の会連合会、二〇一七年)三三頁

第3章

(1)『教育勅語と御真影』(小野雅章著、講談社現代新書、二〇二三年)九頁
(2)『講座　現代民主主義教育』(安川寿之輔著、青木書店、一九六九年)六一頁
(3)『いばらの道をふみこえて――治安維持法と教育』(大槻健他編集、民衆社、一九七六年)三〇八―

三二六頁
（4）『講座、現代民主主義教育』（柿沼肇・志摩陽伍著、青木書店、一九六九年）p一四一―一四四頁
（5）『いばらの道をふみこえて』一九六―二〇六頁
（6）同、二〇七―二一六頁

第4章
（1）『戦後教育改革とその崩壊への道』（戦後の教育史編纂委員会、三一書房、一九八六年）一一―一四頁
（2）同、三三一―三三五頁
（3）同、三三六頁
（4）『キリスト教倫理Ⅲ』（K・バルト著、新教出版社、一九六四年）一九三―二一五頁
（5）『戦中教育の裏窓』（山中恒著、朝日新聞、一九七九年）一五六―一五九頁
（6）同、一四〇―一四一頁
（7）同、五二―六九頁

第5章
（1）『排除する学校』（鈴木文治著、明石書店、二〇一八年）一三―五五頁
（2）『インクルージョンをめざす教育』（鈴木文治著、明石書店、二〇〇六年）二五二―二六八頁

(3)『インクルージョン教育への道』(P・ミットラー著、東京大学出版会、二〇〇二年)三〇―三一頁
(4)『閉め出さない学校』(鈴木文治著、日本評論社、二〇一五年)一〇五―一四四頁
(5)『キリスト教倫理Ⅲ』(K・バルト著、新教出版社、一九六四年)一九三―二一五頁

第6章

(1)『精神疾患はつくられる』(H・カチンス、S・カーク著、日本評論社、二〇〇二年)二五六―二九八頁
(2)『日本における多文化共生とは何か』(朴鐘碩・上野千鶴子他著、新曜社、二〇〇八年)一六四―一六五頁
(3)『色のふしぎと不思議な社会』(川端裕人著、筑摩書房、二〇二〇年)一三五頁
(4)『つくられた障害「色盲」』(高柳泰世著、朝日新聞社、二〇一四年)
(5)『障害者神学の確立をめざして』(NCC障害者と教会問題委員会編、新教出版社、一九九三年)一五―二〇頁
(6)『きけわだつみのこえ』(日本戦没者学生記念会編、岩波文庫、一九九九年)三六二頁
(7)同、一二一―一二二頁
(8)『ケノーシス――大量消費時代と気候変動危機における祝福された生き方』(S・マクフェイグ著、新教出版社、二〇二〇年)二三三頁
(9)『沖縄――或る戦時下抵抗』(高坂薫著、麦秋社、一九七八年)三―五頁

(10)『新しい戦前』(内田樹・白井聡著、朝日新書、二〇二三年)二四一頁

あとがき

今、私たちはどのような時代に生きているのでしょうか。

タレントのタモリさんが言ったように日本は「新しい戦前」の時を迎えているのではないでしょうか。それはもう戦前というに留まらず、戦時へ突入する危険をはらんだ時代になってきています。その前兆を私たちはいくつも見ることができます。

第二次世界大戦へ国民を駆り立てた時の政治家、軍人、宗教家たちは、国民が国家のための存在であることを強調して、「お国のためになる」人間の育成に邁進しました。それは「社会に役立つ人間」、「政府にものを言わない人間」をつくり出してきました。「社会に役立たない人間」とレッテルを貼られた人たちや、政府の方針に抵抗する人たちは、村八分にされた時代でした。現在もそのような時代になっているように思えてなりません。

政府の「自助」の強調や社会の中にある根強い「自己責任論」の背景には、社会的弱者と言われる人々を切り捨てる国家の棄民政策が見え隠れしています。様々な社会的なニーズのある人々にとって、生き延びることが困難な時代を迎えています。

私は障害児教育の教師として生きてきました。障害のある子どもや保護者たちが、社会の中で差別や排除を受けて悩み苦しんでいる現場から、日本社会全体が「刷り込まれた優生思想」に満ちたものになっていることをたくさん見てきました。それに抵抗する勇気が求められる時代となっています。

私は教師であると同時にキリスト教会の牧師も務めてきました。川崎市南部にある小さな教会ですが、路上生活者支援活動を三〇年間担ってきました。障害者や貧しい外国の方たちとの共生を試みてきました。その場所から見えてくるものは排除と差別の深刻さです。

二〇一六年に起きた津久井やまゆり園事件では、一九名が殺害され、二七名が負傷しました。犯人は「障害者は不幸を生む」、「重度障害者は生きている価値がない」とうそぶき、おぞましい事件を起こしたのです。この障害者に対する大虐殺と差別発言は、ヒトラーのもとで行なわれた障害者安楽死と重なってきます。

当時大学教員をしていた私は、普通教育の教員を対象にした講演会で、この事件について子どもたちにどう語ったのかと質問しました。その返事に私は愕然としました。どの講演会でも、事件について子どもたちに何も語らなかったと教員たちは一様に答えたからです。どうして教員たちは無言を貫いたのでしょうか。数名の教員が、「障害児のことは分からないし、あまり興味もない」と答えました。障害児に無関心である教員たちを責めることはできません。障害によって教育を二分してきた日本の教育制度の欠陥のせいだからです。障害児への差別の実態を知ることもないままに教員を続けているのです。それは同時に、社会全体で差別や排除を受けて苦しんでいる人々への無関心にもつながっていきます。

ＬＧＢＴ法案について、政府与党からは、「彼らを認めたら社会が壊れる」との発言が相次ぎ、また子どもを作らない生産性のない人々だとの非難もあります。しかし子どもを産む産まないの選択は人それぞれの権利なのです。多産を奨励して兵士の育成を求めた戦時中の政治家の言動が思い起こされます。ご存じのとおり、ヒトラー・ナチスのドイツではゲイは犯罪者として、処分や排除の対象となりました。それは、「社会に役立つ者」だけに生きる権利があるとした異常な世界でした。障害者の大量虐殺や断種は、強い者だけが生き延びることができるとされた優生思想がはびこる社会でした。

「社会に役立つ」とは究極的には、戦争に行って戦う兵士になることや、工場労働者として国に奉仕することのできる人間を示していました。こうして見ると、日本社会は「新しい戦前」ではなく、すでに国に役立たない者を切り捨て排除する「戦時中の社会」になっていると言えないでしょうか。

私は、教育の中でも障害児教育という、特殊で個別の課題を有する子どもたちの教師として生きてきました。教育界全体からすれば傍系にあり、取るに足らない小さな分野です。しかし、私は教員生活を通して、個別的特殊的なものが普遍的一般的なものを凌駕するという事象をたくさん見てきました。だからこそ、教育とは何かについては、障害児教育の視点からしか見えないものがあることを主張してきました。障害児教育は教育の原点というだけでなく、教育の無くてはならない根幹そのものなのです。

本書のタイトルは「非戦と抵抗の教育――障害児教育の源流にあるもの」です。第一章の「国家主義教育と闘った障害児教育の黎明」に記したように、障害児教育の初期には、優生思想が刷り込まれた社会の中で、教師たちが障害者の人権や教育権を強く主張して闘っていました。彼らは差別され続けた子どもたちのための教育を切り開いてきたのです。その中心にキリスト者がいました。キリスト者抜きに障害児教育は語れません。

そのことを第二章「自由民権運動と盲学校の誕生」で明らかにしています。日本で初めての障害児学級の設立は、長野県に始まります。国家主義教育、教育勅語による皇国教育の嵐の中、自由教育、個性尊重の教育、愛の教育を掲げた人々が障害児教育の基礎を切り開いたのです。また、神奈川県で初めて誕生した盲学校は、自由民権運動家によって創設されたものです。いずれも当時の優生思想の中で、障害者に「役に立たない者」のレッテルを貼る社会の中で、彼らの教育に必死の思いで取り組んできました。

そうした教師や民権活動家たちの世に媚びない、峻烈かつ愛に満ちた行動が、今日の障害児教育の基礎を作るに留まらず、人は誰でも存在自体が尊いのだというヒューマニズムの原点を示してきました。彼らの闘いに今こそ学ぶべきだと思います。それは現在の状況が彼らの闘った時代に限りなく近づいているからです。

第三章「戦前・戦時下の教育」と第四章「教育の戦争責任」は、教育が戦争とどのように向き合ったのかを掘り下げました。それはこれから起こる戦争への歯止めのためです。過去の歴史に目を背けてきた日本社会が、かつての戦争犯罪を見据え、戦争責任をしっかりと認識することなくしては、目の前で起こりつつある「新しい戦前」に抵抗することはできません。

第五章の「抵抗の障害児教育」では、通常の教育が最優先の教育界にあって、障害児教育が辿ってきた苦難の歴史に触れます。抵抗なくしては進み得ない教育の実態を記しました。

現在の通常の教育は、つまるところ他者と競争して勝利することを至上のものと考え、エリートを育成することに主眼を置くものですが、結果として、苦しむ者との共生の心を育てない教育となっています。最終章の「非戦の障害児教育」では、障害児教育こそ、苦しみや辛さがあってもみんなで励まし合い助け合いながら生きる社会を実現するための教育なのだということを示しました。障害者とはいかなる存在かとの問いに対して、私は「非戦の人」であると結論づけました。社会に役立たないのではない。戦争に荷担しない人間・協力しない人間であることを示しています。障害者とは、決して争わない人たち、すなわち「非戦の人」ではないのか。この点こそ、私が一番主張したいことなのだと思っています。

後期高齢者となった私は、よく「未完の人生」という言葉を思い起こします。特にがんの手術を受けて残り少なくなった人生を思うたびに、やり残した夢を見ます。やり残したと言っても、個人的に望むものが手に入らなかったということではありません。個人の夢は、個人の夢である限りあまり大きな意味はないのではないか。

むしろ、人生でやり残したものが社会に結びつくものであるならば、その夢はたとえ自分が実現できなくても、いつか同じ志を持つ人が必ず現われてそれを果たしてくれるはずです。そのような共同体としての夢を持つことができたかどうかが、人生で問われるのではないでしょうか。個人的な夢ではなく、社会の変革に繋がる夢、世の中を変えることへの夢です。

私の夢とは何か。以前の著書で、マーティン・ルーサー・キング牧師の「私には夢がある」という演説の言葉を引用して、私の夢を表しました。

私には夢がある。
障害のある子どもと障害のない子どもが、当たり前のように支え合い、
助け合って共に生きる日が来ることを。
障害のゆえに苦しむ子どもやその保護者、そして教師が
社会全体で支えられ、生きること学ぶことの喜びを知り、
すべての親・教師が彼らと自らを誇りに思える日が来ることを。
(『インクルージョンをめざす教育——学校と社会の変革を見すえて』明石書店、二〇〇六年、二九〇頁)

自分の人生は未完に終わりますが、同じ夢を持つ者がいつかそれを実現してくれることを信じる。それが夢に生きるということの意味ではないでしょうか。

私は若き日に障害のある子どもや保護者と関わり、その人たちの苦しみ、悲しみ、そして差別に出遭うたびに、社会の不条理を痛いほど知ることになりました。そのために私は何をすべきであるか、何を成し遂げるべきかを考えて生きてきました。それはまだ実現できていません。未完のまま人生を終えることになります。だが、いつかはそれが実現するときが来る。それを信じて私は残りの人生を生きていきます。

旧約聖書の出エジプト記に、神の言葉を聞いたユダヤ民族は、約束の地を目指して四〇年間荒野を彷徨したと書かれています。民を率いたモーセは約束の地を目前にしてこの世を去らねばなりませんでした。民の中にも約束の地を見ることなく亡くなった者が多くいました。けれども彼らは、神の約束が必ず実現すると信じて旅を続けました。一人ひとりにとっては、「未完の人生」でありましたが、同じ夢を見続けた仲間たちがいたのです。聖書は、人生とは何かを教えています。「未完の人生」でいいのだと。

お読みいただき、「新しい戦前」への道を進む今日の日本のあり方についてご一緒に考えていただければ幸いです。

二〇二四年八月八日

鈴木文治

著　者
鈴木文治（すずき・ふみはる）

1948年長野県飯田市生まれ。中央大学法学部法律学科及び立教大学文学部キリスト教学科卒業。川崎市立中学校教諭、神奈川県教育委員会、神奈川県立盲学校長・県立養護学校長、田園調布学園大学教授、日本基督教団桜本教会牧師、等を歴任。著書に、『インクルージョンをめざす教育』『排除する学校』『人を分けることの不条理』（以上明石書店）、『ホームレス障害者』『閉め出さない学校』（以上日本評論社）、『インクルーシブ神学への道』新教出版社、『肢体不自由児者の合理的配慮に基づくインクルーシブ教育ってどんなこと』（全国心身障害児福祉財団）、『障害を抱きしめて』『なぜ悲劇は起こり続けるのか』（プネウマ舎）、『差別する宗教』（現代書館）などがある。

非戦と抵抗の教育
障害児教育の源流にあるもの

2025年3月31日　第1版第1刷発行

著　者……鈴木文治

発行者……小林　望
発行所……株式会社新教出版社
〒112-0014　東京都文京区関口1-44-4
電話（代表）03（3260）6148
振替 00180-1-9991
印刷・製本……モリモト印刷株式会社

ISBN 978-4-400-21344-4　C1037

S・マクフェイグ
山下章子訳
ケノーシス
大量消費時代と気候変動危機における祝福された生き方
エコフェミニストの著者が、社会の外的変革と霊性の内的深化を結びつけた先達の生き方に学び、危機の時代の新たな倫理と死生観を探る。 Ａ５判 ４４００円

M・L・キング
梶原寿監訳
私には夢がある
M・L・キング講演・説教集
39歳で凶弾に倒れた牧師の、公民権運動最初期の活動から文字通り暗殺前夜までの重要な講演11編を収録。各編に同時代人の証言を付す。 四六判 ２６４０円

カール・バルト
天野・宮田訳
教義学要綱
本書は20世紀最大の神学者バルトの巨大な世界を凝縮するのみならず、神学すること、そしてキリスト教信仰へと熱く促す名著である。 小Ｂ６判 ２２００円

J・モルトマン
福嶋揚訳
希望の倫理
テロ、戦争、貧困、環境破壊、生命操作など課題山積の21世紀をいかに生きるか。「変革的終末論」の倫理。著者の神学的総決算。 四六判 ４４００円

関田寛雄
目はかすまず気力は失せず
講演・論考・説教
93歳になる著者を現役の牧会者・説教者・神学者として生かしめる福音の核心を伝える。40余年の間に語られた47編の講演・論考・説教。 四六判 ２２００円

「時の徴」
同人編
日本基督教団戦争責任告白から50年
その神学的・教会的考察と資料
一方に論争と分裂、他方に新たな連帯と他教派への刺激を生んだ教団戦責告白。その教会的・神学的意義とは何か。17人の論者が考察する。 Ａ５判 １４３０円

表示は10％の税込価格です。

新教出版社